AF281346

JÖRG SPITZER

Du wirst für immer schweigen, und ich werde in der Dunkelheit verschwinden

Der Golden-State-Killer

SERIENKILLER OHNE NAMEN

JÖRG SPITZER

„Du wirst für immer schweigen, und ich werde in der Dunkelheit
verschwinden. "
Der Golden-State-Killer

SERIENKILLER
OHNE NAMEN

Die einwohnende Herrlichkeit umfasst alle Welten, alle Kreaturen Gut und Böse, und sie ist die wahre Einheit.
Aber da ist kein Gegensatz, denn das Böse ist der Thronsitz des Guten

Rabbi Israel ben Elieser genannt **Baal Schem Tov**

(ca. 1700-1760)

Inhaltsangabe

4

Dieses Buch handelt über das serielle Töten und dem „*klassischen*" Serienmörder so wie wir ihn aus Film und Zeitung kennen: In diesem Buch allerdings hat der entspechende Täter keinen Namen oder ein Gesicht, da bis zum jetzigen Zeitpunkt polizeilicherseits noch kein Fahndungserfolg vermeldet werden konnte. Wir alle wissen, oder glauben zu wissen, was ein Serienmörder ist. Das multizide[1] Phänomen des ungebremsten Tötens von Menschen in verschiedenen Ereignissen in bestimmten Zeiträumen mag an dieser Stelle als Definition genügen. Alles andere ist nach meiner Ansicht Wortklauberei und soll dem gesellschaftlichen Anliegen Rechnung tragen auch dieses scheinbar abgründige menschliche Verhalten wenigstens statistisch erklären zu wollen und die hilflosen und phrasenreichen Deutungsversuche wie der Psychologie, Psychiatrie oder den Neurowissenschaften einigermaßen plausibel erscheinen zu lassen! Ich könnte mich jetzt damit begnügen und das ganze Thema lapidar und lakonisch herunterleiern wie eine tibetische

---

[1]Per definitionem spricht man von Serienmord ab drei vollendeten Tötungen.

Gebetsmühle, könnte einen Wust an möglichen Ursachen vortragen, angefangen von einer unheilvollen Kindheit mit dem trinkenden Vater und der vergnügungssüchtigen Mutter, einer unsäglich grausamen Pubertät deren Auswirkungen bis ins adulte Dasein reichen, und würde doch nichts damit erklären. Denn das was die zuständigen Wissenschaften vorbringen ist ein Konglomerat an scheinbaren Erkenntnissen und Theorien die wie so oft alles erklären sollen und dennoch nichts aussagen.. Die letztendliche Kausalität bleibt im Dunklen. Aber solange von starren Definitionen, albernen und statistischen Zahlenspielereien ausgegangen wird kann dieses Phänomen auch nicht erklärt werden.

Das Phänomen des Serienmordes[2] ist kein neues. Ob Jung oder Alt, Mann oder Frau, ob in Los Angeles, Düsseldorf oder in den chinesischen Zugang-Bergen, ob im Mittelalter oder in der Neuzeit: Es reifen Persönlichkeiten heran die in Ihrer weiteren Entwicklung und Ihrem Werdegang zu wahren Tötungsmaschinen mutieren. Was veranlasst

---

2 Die Auswahl der in diesem Buch dargestellten unbekannten Serienmörder geschah rein stochastisch.

diese Menschen dazu, anderen mit bloßen Händen Hoden abzureißen, Ihnen bei vollem Bewusstsein die Augen auszustechen, sie zu foltern und zu quälen um dann aus Ihrer Sicht einen genussvollen und befreienden Tötungsakt zu begehen? Was sind das für Menschen, die mit für uns unvorstellbarer Grausamkeit und widerwärtigster Brutalität töten, die mit eiskalter Präzision einem lockenden Ruf folgen der Tod und Verderben bringt, die mit kalten Augen, hinter denen ein mächtiges Feuer lodert, ihren schaurigen Musterplan in die Tat umsetzen und sich scheinbar über alle Grenzen hinweg zu erheben scheinen? Sie fühlen sich Gott gleich, erhaben zu sein über anderes Leben, sie fühlen sich als Richter: sie lassen Gnade walten oder sprechen den Tod aus; und gleichzeitig sind sie auch der Henker, der Vollstrecker der auserwählt ist, den zuvor in Gedanken gefassten vermeintlichen Schuldspruch zu erfüllen.Darum soll dieses Buch nicht bloß eine Aufzählung der Morde von unbekannten Serienmördern sein, sondern ich möchte vorab den Leser wenigstens einen konkreten benennbaren Serienmord-Fall vorstellen um wenigstens einen oberflächlichen Eindruck über einen Mann zu gewinnen, der auch vielleicht stellvertretend für seine unbekannten „Kollegen" stehen mag. Außerdem werde ich noch einige Äußerungen zum Serienmord-Killer anführen, zur allgemeinen Vertiefung mit der Thematik.

Andrei Romanowitsch Tschikatilo

(russisch Андрей Романович Чикатило, wiss. Transliteration *Andrej Romanovič Čikatilo*; * 16. Oktober 1936 in Jablotschnoje, Oblast Sumy, Ukrainische SSR, Sowjetunion; †14Februar 1994 in Nowotscherkassk, Russland) war ein sowjetischer Serienmörder, dem zwischen 1978 und 1990 nachweislich 53 Menschen zum Opfer fielen. Zahlreiche Morde des sexuell sadistischen Psychopathen, der nach eigenen Angaben 56 Menschen getötet hatte, waren von Nekrophilie und Kannibalismus begleitet. Für seine Taten wurde er zum Tod durch Erschießung verurteilt und 1994 hingerichtet. Tschikatilos Opfer waren sowohl männlich als auch weiblich, die Mehrheit davon Kinder und Jugendliche, die oft obdachlos oder von zu Hause weggelaufen waren bzw. sich prostituierten. In den Medien wurde Tschikatilo unter anderem als *Der Ripper von Rostow* bzw. *Bestie von Rostow* bezeichnet, da er einen Großteil seiner Taten innerhalb der südrussischen Oblast Rostow verübte. Der Fall Tschikatilos löste international entsetzte Reaktionen aus und wurde Vorlage für mehrere Bücher und Filme. Der True-Crime-Roman *The Killer Department* von Robert Cullen war zugleich die Vorlage für den mehrfach prämierten Spielfilm *Citizen X*.[

Kindheit und Jugend

Andrei Tschikatilo wurde 1936 in Jablutschne (Rajon Welyka Pyssariwka), einem kleinen Dorf in der Ukrainischen SSR, geboren. Drei Jahre zuvor herrschte in der Ukraine eine Hungersnot (Holodomor), die zu Kannibalismus unter der Bevölkerung geführt haben soll. Nach Erzählung seiner Mutter wurde auch sein Bruder entführt und zum Verzehr von hungernden Menschen getötet. Angst vor Monstern, Hexen und Wölfen, von denen er glaubte, sie würden Kinder fressen.

Andrei war ein schwächliches Kind mit einer schweren Sehstörung. Er galt als strebsamer und guter Schüler, wurde aber immer wieder von anderen Kindern gehänselt, ohne sich in irgendeiner Form zur Wehr setzen zu können. In der Schule tat sich Tschikatilo durch gute Leistungen hervor und identifizierte sich darüber hinaus als Kommunist. Mit zunehmendem Erwachsenwerden stellte er fest, dass er impotent war. Seine Reiz- und Erregungsschwelle war derart hoch, dass sie, verbunden mit einer chronischen Erektionsschwäche, einen normalen Verkehr beinahe unmöglich machte. Sein Lebensgefühl beschrieb er später als *ohne Genitalien und Augen geboren worden zu sein.* Tschikatilos angeschlagenes Selbstwertgefühl und seine soziale Zurückgezogenheit verstärkten sich in Folge weiter. Um den Ruf seines Vaters als Landesverräter auszugleichen, versuchte er der Sowjetunion eifrig zu dienen. Er bewarb sich zum Studium der Rechtswissenschaften an der Universität von Moskau, wurde jedoch abgelehnt. Daraufhin ging er für zwei Jahre nach Nischni Tagil im Ural, arbeitete auf Großbaustellen und besuchte Vorlesungen in Ingenieurwissenschaften. Er schrieb patriotische Artikel für Zeitungen, trat der KPdSU bei und ließ sich als Informant für die Polizei anwerben. Nach seinem Militärdienst von 1957 bis 1960, den er zum Teil als Nachrichtentechniker in Berlin verbrachte, kehrte Andrei Tschikatilo in sein Heimatdorf zurück. Dort begann er eine Beziehung mit einer jungen, kurz zuvor geschiedenen Frau. Versuche, Geschlechtsverkehr zu haben, scheiterten stets an Tschikatilos Unfähigkeit, eine Erektion zu bekommen, sodass die Frau bei einer Freundin um Rat fragte. Daraufhin verbreiteten sich in dem kleinen Dorf schnell die Gerüchte über Tschikatilos Impotenz. Schwer gedemütigt und beschämt versuchte dieser sich zu erhängen, wurde jedoch rechtzeitig gefunden und gerettet. Nach dem Vorfall verließ er seine Heimat und zog in das Umland von Rostow am Don, wo er eine

Anstellung als Nachrichtentechniker fand. Seine Mutter und Schwester kamen wenig später nach.

Heirat und eigene Familie

1963 erfolgte die Hochzeit mit seiner Frau Feodosija, die er durch seine Schwester Tatjana kennengelernt hatte. Tschikatilo beschrieb die Ehe später als durch seine Schwester und deren Mann arrangiert. 1965 wurde seine Tochter und 1969 sein Sohn geboren. Aufgrund seiner Impotenz war es ihm nicht leicht gefallen, Vater zu werden. Seine Frau konnte er nur schwängern, indem er masturbierte und seine Frau anschließend manuell besamte.Seine Frau hatte sich mit der Impotenz Tschikatilos abgefunden und blieb bei ihm. 1965 begann er parallel zu seinem Beruf ein Studium für Russische Literatur und Sprache an der Universität Rostow, das er 1970 erfolgreich abschloss.

Berufliches und erste Straftaten

Noch im selben Jahr nahm Tschikatilo eine Lehramtsstelle im nahegelegenen Nowoschachtinsk auf, einer Industriestadt mit damals etwa 100.000 Einwohnern nördlich von Rostow. Er wurde Russisch- und Sportlehrer, aber es zeigte sich schnell, dass er für seine Schüler keine Autoritätsperson war. Er konnte sich nicht richtig durchsetzen, wurde von Schülern gedemütigt und sogar tätlich angegriffen und war täglich deren Spott ausgesetzt. Dies führte dazu, dass er mehrmals seinen Arbeitsplatz wechseln musste.

1973 beging er seinen ersten sexuellen Missbrauch, als er eine 15-jährige Schülerin beim Schwimmunterricht an Brüsten und Genitalien berührte. Nach dem Bekanntwerden weiterer ähnlicher Fälle wurde Tschikatilo aus dem Schuldienst entlassen. 1978 zog Tschikatilo schließlich in die Nachbarstadt Schachty und versuchte sich dort als Lehrkraft an einer Bergwerksschule. Seinen Beruf als Lehrer gab er 1981 endgültig auf, nachdem erneut Vorwürfe laut wurden, Tschikatilo habe Jungen und Mädchen sexuell missbraucht. 1981 trat er eine Stelle als Lagerverwalter in einer Lokomotivfabrik in Rostow an. Durch seinen neuen Beruf musste er oft lange Dienstreisen in der gesamten Sowjetunion unternehmen. Das Haus in Schachty, in dem Tschikatilo seinen ersten Mord beging, 2015 Im September 1978 kaufte er ein halb verfallenes Häuschen in Schachty, wohin er einige seiner Opfer lockte und wo er seinen ersten Mord beging.

Chronik über Tschikatilos Morde von 1978 bis 1990

1978 – der erste Mord

22. Dezember: Nachdem ihn einige Schüler körperlich misshandelt, getreten und geschlagen hatten, ging Tschikatilo in ein Kaufhaus und kaufte sich ein Klappmesser – seine erste Mordwaffe. Er selbst gab an, er brauche es zur Selbstverteidigung. Schüler hatten zuvor den schwächlichen Tschikatilo ungehindert angegriffen, da dieser sich erpressbar gemacht hatte, als er nachts in den Schlafsaal der Schüler eingedrungen und einem Jungen gegenüber zudringlich geworden war. Tschikatilo nahm sich vor zu trinken, sich mit einer Frau zu vergnügen und so seinen Ärger abzureagieren. Er kaufte Alkohol und machte sich auf den Weg in seine Datscha. Auf dem Weg dorthin traf er zufällig das neun Jahre alte Mädchen Jelena Sakotnowa, das er ansprach und in seine Datscha lockte. Da es ihm nicht gelang, die Neunjährige sexuell zu missbrauchen, tötete er sie, indem er ihr mit seinem Messer mehrfach

in den Unterleib stach, und ejakulierte anschließend auf ihren Leichnam.

Anschließend kleidete er das Kind wieder an und warf es in einen nahe gelegenen Fluss. Die Leiche wurde erst zwei Tage später gefunden. Tschikatilo geriet schnell unter Verdacht, den Mord an Jelena Sakotnowa begangen zu haben und wurde mehrfach verhört. So konnten im Schnee in der Nähe seiner Datsche Blutspuren und in einiger Entfernung auch der Schulranzen des Kindes gefunden werden. Er wurde darüber hinaus von einem Zeugen am Tag des Mordes in der Nähe des Tatorts gesehen und Nachbarn bestätigten, dass Tschikatilo am 22. Dezember in seiner Datscha gewesen sei. Kurz darauf geriet jedoch der einschlägig vorbestrafte 25-jährige Arbeiter Alexander Krawtschenko ins Visier der Polizei. In seiner Wohnung fand die Polizei Kleidung mit Blutspritzern, deren Blutgruppe mit der von Sakotnowa und Krawtschenkos Frau übereinstimmten. Krawtschenko hatte als Jugendlicher wegen Vergewaltigung und Mord einer Gleichaltrigen eine Haftstrafe verbüßt und während des Verhörs widersprüchliche Aussagen gemacht. Krawtschenkos Frau gab bei der Polizei mehrfach an, ihr Mann sei zum Tatzeitpunkt mit ihr zusammen in ihrer Wohnung gewesen, was auch von Nachbarn bestätigt wurde, widerrief aber ihre Aussage, nachdem die Polizei sie unter Druck setzte und drohte, sie wegen Komplizenschaft bei dem Mord an Sakotnowa anzuklagen. Alexander Krawtschenko wurde schließlich für den Mord verurteilt, zunächst zu einer lebenslangen Gefängnisstrafe. Auf Druck der Angehörigen des Kindes wurde das Verfahren neu aufgerollt, Krawtschenko zum Tode verurteilt und 1983 hingerichtet. Später gab Tschikatilo an, dass er nach diesem Mord einen Orgasmus nur noch durch die brutale Tötung seiner Opfer erreichen konnte. Er sagte später aus, dass er nach seinem ersten Mord zunächst noch versuchte, seine Triebe zu unterdrücken. Acht Monate später verübte er seinen zweiten Mord.

Allgemeines zur Vorgehensweise

Während seiner Mordserie, durch die in Russland im Laufe von 12 Jahren mindestens 53 Menschen getötet wurden, entwickelte Tschikatilo einen für ihn typischen Modus Operandi. Er sprach Ausreißerinnen, Obdachlose oder (ab 1983) Prostituierte an und lockte sie in einen Wald. In der Regel versuchte er sie zu vergewaltigen und tötete sie aus Wut darüber, dass es ihm aufgrund seiner Impotenz nicht gelang. Nur durch die Verstümmelung der Ermordeten konnte er einige Opfer wurden erstochen, andere erwürgt oder mit einem Hammer erschlagen. Männliche Opfer kastrierte er und aß die Genitalien seiner weiblichen Opfer, die er entweder roh verzehrte oder auf einem improvisierten Feuer im Wald kocht, um zum Orgasmus zu kommen.

1981: das zweite Opfer

3. September: Tschikatilo traf die 17-jährige Larissa Tkatschenko an einer Bushaltestelle vor der Bibliothek in Rostow, lockte sie in ein nahe gelegenes, verlassenes Waldstück und tötete sie dort. Aus der Leiche biss er Hautstücke und eine Brustwarze heraus. Sie wurde am 4. September am Ufer des Don gefunden.

1982: sieben Morde

6. Juni: Sein nächstes Opfer war die 13-jährige Ljuba Birjuk. Die Leiche wurde am 27. Juni auf einem Waldweg im Rostower Umland gefunden.

25. Juli: Während einer Reise nach Krasnodar tötete er Ljuba Wolobujewa. Die Leiche wurde am 7. August gefunden.

13. August: Tschikatilo tötete den neunjährigen Oleg Poschidjew, sein Leichnam wurde bis heute nicht gefunden.

16. August: An diesem Tag wurde die 16-jährige Olga Kuprina ermordet. Die Leiche wurde am 27. Oktober entdeckt.

8. September: Er ermordete die 19-jährige Irina Karabelnikowa. Die Leiche wurde am 20. September auf dem Land in der Nähe von Schachty gefunden.

15. September: Tschikatilo tötete den 15-jährigen Sergej Kusmin. Die Leiche wurde am 12. Januar 1983 gefunden.

11. Dezember: Er tötete die zehnjährige Olja Stalmatschenok in Nowotscherkassk, ihre Überreste wurden fünf Monate nach der Tat am 11. April 1983 gefunden.

1983: acht Morde

In diesem Jahr änderte Tschikatilo sein bisheriges Opferprofil und suchte sich ab jetzt verstärkt erwachsene, weibliche Prostituierte als Opfer.

Zwischen dem 15. und 20. Juni ermordete Tschikatilo die 15-jährige Laura Sarkisjan. Ihre Leiche ist bis zum heutigen Tag nicht gefunden worden.

Im Juli tötete er zwei weitere Menschen, an die genauen Daten konnte sich Tschikatilo jedoch nicht mehr erinnern. Zuerst ermordete er die 13-jährige Ira Dunenkowa, deren ältere Schwester kurzzeitig Tschikatilos Geliebte war. Ihre Leiche wurde in der Nähe des Flughafens Rostow im *Park des Fliegers* am 8. August gefunden. Später tötete er auch die 24-jährige Ljuda Kutsjuba, deren sterblichen Überreste fand man am 12. März 1984 außerhalb von Schachty.

8. August: Sein nächstes Opfer war der siebenjährige Igor Gudkow. Die Leiche wurde 20 Tage später ebenfalls im *Park des Fliegers* in Rostow entdeckt.

19. September: Er tötete die 22-jährige Walja Tschutschulina, ihre Überreste fand man am 27. November außerhalb von Schachty.

Im Herbst 1983 ermordete Tschikatilo eine 18- bis 25-jährige Frau, deren Identität nicht eindeutig geklärt werden konnte. Ihre Leiche wurde im Oktober in der Nähe von Nowotscherkassk gefunden.

27. Oktober: In einer Bergbaustadt nahe Schachty brachte er die 19-jährige Vera Schewkun um. Die Leiche wurde am 30. Oktober gefunden.

27. Dezember: Auf seinem Heimweg verschwand der 14-jährige Sergej Markow.

Sein Leichnam wurde am 4. Januar 1984 gefunden.

1984: 15 Morde

9. Januar: Die 17-jährige Natalja Schalapinina wurde ermordet. Fund der Leiche am 10. Januar im *Park des Fliegers* in Rostow.

21. Februar: Marta Rjabjenko wurde in Schachty ermordet und am selben Tag gefunden.

24. März: Dima Ptaschnikow (13) wurde ermordet. Die Leiche wurde am 27. März in dem Nowoschachtinsker Vorort Atx gefunden.

25. Mai: Tschikatilo brachte zwei Menschen an einem Tag um: die 32-jährige Tanja Petosjan, gefunden am 27. Juni, und ihre elfjährige Tochter Sweta, gefunden am 5. Juni.

Juni/Juli: Jelena Bakulina (27) wurde ermordet – das genaue Todesdatum lässt sich nicht feststellen.

10. Juli: Der 13-jährige Dima Illarionow wurde in Rostow getötet und am 12. August gefunden.

19. Juli: Anna Lemeschewa (19) wurde ermordet, die Leiche wurde 6 Tage später in der Nähe von Schachty gefunden.

Ende Juli: Tschikatilo ermordete die 20-jährige Swetlana Tschana.

2. August: Die 16-jährige Natascha Golosowskaja wurde im *Park des Fliegers* in Rostow ermordet.

7. August: Die 17-jährige Ljudmila Alexejewa wurde umgebracht. Die am 10. August gefundene Leiche lag am Ufer des Don.

8.–11. August: Auf Geschäftsreise in Usbekistan ermordete Tschikatilo eine unbekannte Frau.

13. August: Immer noch in Usbekistan tötete er die 12-jährige Akmarala Sejdaliewa.

28. August: Nachdem er zurück zu Hause war, tötete er Alexander Tschepel (11). Der Tatort lag nahe dem des Alexejewa-Mordes drei Wochen zuvor.

6. September: Die 24-jährige Irina Lutschinskaja wurde im *Park des Fliegers* in Rostow ermordet, die Leiche einen Tag später gefunden.

1985: zwei Morde

Am 13. September 1984 wurde Tschikatilo von einem Zivilpolizisten beobachtet, wie er versuchte, junge Frauen von einer Bushaltestelle wegzulocken. Er wurde verhaftet, es konnte ihm die Mordserie aber nicht nachgewiesen werden. Stattdessen wurde er wegen Diebstahls bei seinem Arbeitgeber zu einem Jahr Haft verurteilt, aber bereits nach drei Monaten am 12. Dezember 1984 wieder entlassen. Er nahm eine neue Arbeit in Nowotscherkassk an und hielt sich von nun an mit weiteren Taten zurück. 1985 gab es zwei nachgewiesene Taten, 1986 garkeine.

31. Juli: Natalja Pochlistowa (18) wurde aus einem Zug nahe dem Flughafen Moskau-Domodedowo gelockt. Ihre Leiche fand man am 3. August.

27. August: In einer Baumgruppe nahe einer Bushaltestelle in Schachty wurde Irina Guljajewa (18) umgebracht. Am folgenden Tag fand man ihre Leiche.

19 Monate Pause und ein Täterprofil

Zwischenzeitlich war mit Hilfe des Profilers Alexandr Buchanowski ein Täterprofil entstanden, in dem festgestellt wurde, es handle sich bei dem Täter um einen Nekro-Sadisten zwischen 45 und 50, der durch Aggressionen Leid, Qualen und schließlich den Tod seiner Opfer auslöste, um dadurch sexuell erregt zu werden. Um möglicherweise Rückschlüsse auf das Verhalten von Serienmördern ziehen zu können, interviewte

Buchanowski sogar den 1985 verhafteten Serienmörder Anatoli Jemeljanowitsch Sliwko, eine Methode, für die bisher in erster Linie amerikanische Fallanalytiker bekannt waren.

In der Retrospektive wird festgestellt, dass Tschikatilo bereits sehr früh in seiner Persönlichkeitsentwicklung gestört gewesen sein muss und darüber hinaus paraphil war. Durch die fehlende Fähigkeit zur Impulskontrolle setzte er seine Fantasien in die Realität um, wobei er als psychopathisch veranlagter Täter keine Empathie für seine Opfer empfunden haben dürfte. Die Art und Weise, wie er später selbst über seine eigenen Taten berichtete, bestätigt diese Beobachtung.

1987: drei Morde

16. Mai: Oleg Makarenkow (13) wurde in Swerdlowsk in der heutigen Ukraine Opfer von Tschikatilo. Dieser führte die Ermittler nach seiner Festnahme zu den sterblichen Überresten des Jungen.

29. Juli: Während einer Geschäftsreise tötete er Iwan Bilowetschki (12) in Saporischschja. Die Leiche wurde am folgenden Tag gefunden.

15. September: In der Oblast Leningrad wurde Juri Tereschonok (16) aus einem Zug gelockt. Auch sein Körper konnte erst durch Tschikatilo nach dessen Festnahme aufgefunden werden.

1988: drei Morde

1.–4. April: Nahe dem Bahnhof von Krasny Sulin wurde eine unbekannte Frau umgebracht, deren Leiche am 6. April gefunden wurde. Ihr Alter wurde auf 18–25 geschätzt.

15. Mai: Der 9-jährige Alexei Woronko wurde in der Nähe des Bahnhofes von Ilowajsk (heutige Ukraine) getötet.

14. Juli: Erstmals seit 1985 gab es wieder ein Opfer im Umkreis von Rostow. Die Leiche von Jewgeni Muratow (15) wurde neun Monate später, am 10. April 1989, gefunden.

1989: fünf Morde

8. März: Die 16-jährige Ausreißerin Tatjana Ruschowa aus Krasny Sulin wurde in der Wohnung von Tschikatilos eigener Tochter ermordet.

11. Mai: Einen Tag nach seinem achten Geburtstag wurde Alexander Djakonow im

Stadtzentrum von Rostow ermordet. Seine Leiche wurde am 14. Juli gefunden.

20. Juni: Östlich von Moskau in der Oblast Wladimir wurde Alexei Moissejew (10) umgebracht. Tschikatilo gestand diesen Mord später.

19. August: Die ungarische Studentin und junge Mutter Helena Varga (19) wurde aus einem Bus gelockt und in einem Dorf nahe Rostow getötet.

28. August: Alexei Chobotow (10) wurde außerhalb eines Theaters in Schachty letztmals gesehen. Tschikatilo führte die Polizei später zu seinen Überresten.

1990: acht Morde

14. Januar: Andrei Krawtschenko (11) wurde aus einem Kino gelockt und in Schachty ermordet. Seine Leiche wurde am 19. Februar gefunden.

7. März: Der junge Jaroslow Makarow (10) wurde vom Rostower Bahnhof weggelockt und im dortigen botanischen Garten umgebracht.

4. April: Von einem Bahnhof nahe Schachty wurde Ljubow Zujewa (31) weggelockt. Ihre sterblichen Überreste wurden am 24. August gefunden.

28. Juli: Wenige Meter von der Stelle entfernt, an der bereits im März Jaroslow Makarow im Botanischen Garten von Rostow getötet worden war, starb nun auch Wiktor Petrow (13).

14. August: Am Strand von Nowotscherkassk wurde Iwan Fomin (11) ermordet. Seine Leiche wurde drei Tage später gefunden. Medien nannten diesen Mord später den wohl dreistesten, da der Täter den Elfjährigen ins Schilf lockte, wo er ihn zerfleischte, obwohl eine Gruppe von Badegästen in der Nähe war.

16. Oktober: Wadim Gromow (16) kam aus Schachty und verschwand während einer Zugfahrt nach Taganrog.

30. Oktober: Sein vorletztes Opfer Viktor Tischenko (16) tötete Tschikatilo in Schachty nahe einem kleinen Bahnhof. Während des Kampfes biss dieser Tschikatilo in den Finger. Diese Verletzung konnte nach der Festnahme festgestellt und diesem Mord zugeordnet werden.

6. November: Swetlana Korostik (22) war das letzte Opfer der Mordserie. Ihre Leiche wurde am 13. November in einem Waldgebiet nahe einem Bahnhof gefunden.

Die Ermittlungen

Anfangszeit

Im Fall der Tschikatilo-Morde ermittelte die Polizei bereits seit dem ersten Mord 1978 mit zunehmender Intensität. Jedoch wurde von der Miliz erst spät erkannt, dass die Taten einem Einzeltäter zuzuordnen waren, da Tschikatilo hinsichtlich seines Opfertyps weniger festgelegt war als die meisten Serienmörder. Er tötete Mädchen, Jungen, Frauen und auch Mütter, in einem Fall eine Mutter zusammen mit ihrer Tochter, lediglich Männer ließ er aus. Entweder entsprachen sie nicht seiner Sexualpräferenz oder er hatte zu viel Angst vor möglicher Gegenwehr. 1984 wurde zeitweise sogar daran gedacht, Schachty vollständig zu evakuieren und die 200.000 Bewohner in der ganzen UdSSR zu verteilen. Die Pläne scheiterten jedoch daran, dass auch der Mörder mit umgezogen wäre und wahrscheinlich in einem anderen Ort weiter gemordet hätte.

Weitere Auswirkungen der Ermittlungen

Während der zwölf Jahre andauernden Ermittlungen, an der 127 Ermittler beteiligt waren, wurden knapp eine halbe Million Menschen überprüft und 165.000 Blutproben ausgewertet. Dabei waren bereits 1984 über 400 Homosexuelle aus der Umgebung von Rostow überprüft worden. Nach dem damals geltenden Anti-Sodomie-Gesetz wurden 105 von ihnen zu Haftstrafen verurteilt, mit der Folge, dass drei von ihnen sich das Leben nahmen. Weitere zu Unrecht Beschuldigte starben entweder in Untersuchungshaft oder begingen ebenfalls Selbstmord. Alexander Krawtschenko gestand unter Folter einen Mord, den Tschikatilo begangen hatte. Dafür wurde der damals 20-Jährige am 23. März 1982 hingerichtet. Während der Überprüfung Verdächtiger konnten die Ermittler allerdings auch insgesamt 1.662 andere Verbrechen aufklären, zu denen 95 Morde und 245 Vergewaltigungen zählten.

Tschikatilo als biologischer Sonderfall

Tschikatilo wurde vor seiner Verhaftung bereits zweimal verdächtigt und sogar in Gewahrsam genommen und verhört. Das erste Mal nach dem Mord an Elena Sakotnowa im Jahre 1978, dann nochmals im Jahr 1984. Dennoch konnte man ihn nicht mit den Morden in Verbindung bringen. Auf allen erstochenen Leichen waren Spermien gefunden worden, die auf einen Täter mit der Blutgruppe A schließen ließen. Als Tschikatilo erstmals als der gesuchte Lessopolossa-Mörder inhaftiert wurde, lagen bereits einige belastende Indizien gegen ihn vor. Die Blutgruppenanalyse aus Moskau ergab jedoch, dass er die (mit 5 Prozent Verbreitung) sehr seltene Blutgruppe AB hatte und nicht A, wie der vermeintliche Täter. Aus diesem Grund ließ man ihn wieder laufen.

Zahlreiche Publikationen über den Fall befassen sich mit dem Phänomen, auf dem diese Fehleinschätzung basierte. Insbesondere in der Transfusionsmedizin und für forensische Zwecke unterscheidet man mittlerweile zwischen einer Gruppe von Menschen, deren Blutgruppen-Antigene in Körperflüssigkeiten wie Speichel, Schleim und Sperma enthalten sind, die sogenannten *Secretors* oder *Sekretoren*, und der deutlich kleineren Gruppe, bei denen dies nicht der Fall ist. Mit 80 Prozent Verbreitung ist der Sekretor fast die Norm, während der andere Typ, der *non-Secretor*, selten auch *aberranter Sekretor* genannt, nur 20 Prozent der Fälle ausmacht. Daher ließen Tschikatilos Körperflüssigkeiten keinen direkten Rückschluss auf seine Blutgruppe zu.

Fazit der Ermittlungen bis 1989

Nach Recherchen des Spiegels verliefen die Ermittlungen vor 1989 insgesamt hektisch und chaotisch. So wurde die Öffentlichkeit beispielsweise nicht gewarnt oder zur Mithilfe aufgerufen, obwohl allein sieben Leichen in einem Waldstück beim Flugplatz von Rostow gefunden worden waren. In der Bevölkerung kursierte unterdessen das Gerücht, eine Organhandel-Bande aus Armenien schlachte die Opfer aus, denen mitunter das Herz oder die Gebärmutter fehlten.

Erst in der Schlussphase der Ermittlungen wurde die Öffentlichkeit um Unterstützung gebeten.

Enttarnung und Verhaftung

Die Reformpolitik (Perestroika und Glasnost) Gorbatschows eröffnete den Medien immer mehr Möglichkeiten zur Berichterstattung. Nach dem Mörder, der inzwischen schon mehr als 40 Menschen umgebracht hatte, wurde zunehmend öffentlich gefahndet. Laut Angaben der Miliz wurden in allen Schulen Rostows und Schachtys Aufklärungskampagnen durchgeführt. An jeder Eisenbahnstrecke um Rostow patrouillierten rund um die Uhr insgesamt mehr als 600 Milizbeamte. An einer kleinen Station entdeckte ein wachhabender Beamter Tschikatilo, der 200 Meter entfernt vom Bahnhof aus dem Wald kam. Er hatte rote Flecken und war stark mit Schlamm beschmutzt, welchen er mit Wasser aus einem Hydranten abzuwaschen versuchte. Die Milizionäre hatten die Anweisung, die Personalien jedes Passanten am Bahnhof zu kontrollieren. Tschikatilos Dokumente waren einwandfrei, weshalb er ungehindert in den einfahrenden Zug einsteigen konnte. Diese Begegnung wurde allerdings in einem Bericht festgehalten, der dem Polizeirevier in Rostow übermittelt wurde. Durch Zufall entdeckten zwei Kommissare Kleidungsreste an derselben Stelle, an der Tschikatilo aus dem Wald kommend gesehen worden war. Einige Monate zuvor war hier schon einmal eine Leiche gefunden und alles abgesucht worden, wobei die Kleidungsreste entdeckt worden wären. Nach einer ausgiebigen Suche mit 40 Beamten und Hunden fand man eine Kinderleiche. Tschikatilo geriet immer mehr ins Fadenkreuz der Ermittler. Danach wurde er rund um die Uhr von Fahndern des KGB auf seinem Weg zur Arbeit observiert, auch sein Verhalten im Zug sowie sein Privatleben wurden beobachtet. Am 20. November 1990 griff die Polizei zu und drei Beamte in Zivil nahmen Tschikatilo fest. Weder wehrte er sich, noch fragte er nach dem Grund für die Verhaftung. Die Ermittler hatten Bedenken, Tschikatilo könnte einen Nervenzusammenbruch oder einen Herzinfarkt bei der Festnahme erleiden, da er bereits 50 Jahre überschritten hatte.

Verhöre

Tschikatilo wurde in das Miliz-Hauptquartier nach Rostow gebracht und mit seinem Mantel, seiner Ledermütze und seiner großen Aktentasche fotografiert. Ordnungsgemäß wurden eine Haar-und eine Blutprobe genommen. Die Durchsuchung der von ihm mitgeführten Aktentasche bestätigte die Ermittler in ihrem Verdacht, denn es befanden sich keine Akten oder Dokumente darin, sondern zwei Stricke, ein Taschenspiegel und ein Küchenmesser mit einer fast 30 cm langen Klinge. Während der Verhöre saß Tschikatilo den Beamten immer schweigend gegenüber und behauptete, dass er nur von den Behörden festgehalten und drangsaliert werde, weil er oft Beschwerden über korrupte Beamte verschickt habe.

23. November

An diesem Tag wurde Tschikatilos Haltung zu Prostituierten und Landstreichern durch folgende Aussage deutlich:

„Ich habe oft meine Zeit auf Bahnhöfen verbracht, in Fern- und Nahverkehrszügen und in Bussen. Es halten sich dort immer eine Menge unterschiedlicher Landstreicher auf, sowohl junge als auch alte. Sie betteln, fordern und stehlen. Ich habe in Bahnhöfen Szenen aus dem Sexualleben *dieser Landstreicher beobachtet. Und dabei wurde mir klar, wie demütigend es ist, dass ich nie fähig war, mich als richtigen Mann zu empfinden. Er stelle sich die Frage, ob diese degenerierten Elemente überhaupt das Recht besitzen, zu existieren. (Auszug aus dem Verhörprotokoll der Miliz Rostow)*

Später sagte er, er sei dankbar, dass man ihn gefasst habe. Er beteuerte zwar nicht mehr seine Unschuld, sprach jedoch nicht über die Morde. Sein übersteigertes Schamgefühl machte es ihm kaum möglich, mit einem anderen Mann über die Morde und seine sexuellen Handlungen zu sprechen.

29. November

Die Zeit für die Beamten wurde knapp, zehn Tage durfte man einen Verdächtigen nach sowjetischem Recht festhalten, länger nur, wenn eine Anklage gegen ihn erhoben wurde. Am 30. hätte man Tschikatilo wieder entlassen müssen. Die Ermittler unternahmen deshalb einen Strategiewechsel. Kein Milizbeamter sollte Tschikatilo zum Reden bringen, sondern Alexander Buchanowski, ein ortsansässiger Psychiater, welcher gemeinsam mit Tschikatilo eine detaillierte Liste der Morde erstellen sollte. Buchanowski willigte nur unter drei Bedingungen ein:

Buchanowski würde Tschikatilo als Arzt und nicht als Ermittler gegenübertreten;
Buchanowski würde seine eigenen Aufzeichnungen machen, anstatt eine Aussage aufzunehmen;
Sollte Tschikatilo tatsächlich seine Taten gestehen, sollte nichts, was Buchanowski mit ihm besprochen hatte, gegen Tschikatilo verwendet werden.

Die Behörden willigten ein. Zwischen Tschikatilo und Buchanowski entstand in der Folge ein vertrauliches Verhältnis. Tschikatilo erzählte von seiner Kindheit und erzählte seine Lebensgeschichte. Am Abend des 29. November gab Tschikatilo zum ersten Mal zu, einen Mord begangen zu haben.

30. November

Gegen Tschikatilo wurde formell Anklage erhoben, in der er beschuldigt wurde, in der Zeit von 1982 bis 1990 36 Morde verübt zu haben.

Die folgenden Wochen

Tschikatilo erzählte, was die Behörden hören wollten. 34 Morde gestand er, jedoch bestritt er zwei aus dem Jahre 1986 und leugnete, mit den Opfern sexuellen Verkehr gehabt zu haben, dies sei aufgrund seiner Impotenz nicht möglich gewesen. Er sprach bei Vernehmungen selten lauter als im Flüsterton und gestand im Nachhinein sogar den Mord an der neunjährigen Elena im Jahr 1978. Seine Aussagen waren vage, wobei bedacht werden musste, dass sein erster Mord schon mehr als zwölf Jahre zurücklag und er sich an Einzelheiten nicht mehr erinnern konnte. Letztlich gestand er auch Morde außerhalb der Stadt Rostow und ihrer unmittelbaren Umgebung wie diejenigen im Jahr 1987 in Moskau, welche nicht mit ihm in Verbindung gebracht worden waren. Er berichtete auch von Morden, welche der Miliz noch gar nicht bekannt waren. Erst als man mit Tschikatilo die von ihm beschriebenen Orte aufsuchte, fand man die Leichen. Bei zwei seiner

Geständnisse konnte die Polizei trotz Beschreibung von Tschikatilo die Leichen nicht finden und so auch nicht deren Identität feststellen. Diese zwei Geständnisse wurden deshalb für nichtig erklärt. Schließlich wurden 53 Morde aufgeklärt, bei drei weiteren Opfern ist die Beteiligung von Tschikatilo nicht eindeutig nachweisbar. Er wurde für den Tod von 21 Frauen und 32 Kindern (21 Jungen und 10 Mädchen) verurteilt.

Verurteilung und Hinrichtung

Der Gutachter Andrei Tkatschenko stellte fest, dass Tschikatilo ein sexuell sadistischer Psychopath war, befand ihn jedoch nicht für geisteskrank.

Somit lag keine Schuldunfähigkeit vor, was die Todesstrafe, auch aufgrund der detaillierten Geständnisse, sehr wahrscheinlich werden ließ. Im April 1992 begann der Gerichtsprozess gegen Tschikatilo vor dem Bezirksgericht Rostow. Man hatte zu seinem eigenen Schutz vor den Gerichtszuschauern einen Käfig für ihn aufgestellt. Bisher kannte die Bevölkerung, auch die Angehörigen der Opfer, Tschikatilo weder namentlich, noch gab es Fotos von ihm. Es wurde lediglich ein Phantombild veröffentlicht, wobei Tschikatilo nur mit dem Pseudonym *Bürger T.* bezeichnet wurde. Die Jury und zahlreiche Schaulustige hegten einen starken Hass auf Tschikatilo, sodass der Richter Leonid Akubschanow alle Mühe hatte, die Ruhe im Gerichtssaal zu wahren. Schließlich wurde Andrei Romanowitsch Tschikatilo am 14. Oktober

1992 nach geltendem Recht in drei Schritten verurteilt:

Todesstrafe und 56 Jahre Haft für die
Morde in Russland
Todesstrafe und 5 Jahre Haft für die
Morde in der Ukraine
Todesstrafe und 25 Jahre Haft für die
Morde in Usbekistan
Insgesamt: Dreifache Todesstrafe und
86 Jahre Haft.

Nach russischem Gesetz hatte er sieben Tage Zeit, vor dem Obersten Gericht in Revision zu gehen, ein Antrag auf Berufung hätte jedoch kaum Erfolgsaussichten gehabt. Nach dem Urteil wurde er in den Todestrakt des Gefängnisses von Nowotscherkassk gebracht und dort am 14. Februar 1994 durch Genickschuss hingerichtet.

Für seine Taten war Tschikatilo nicht verantwortlich zu machen. Statt seines Verstandes hatte dann letztendlich nur sein Wille die sozusagen cerebrale Befehlsgewalt übernommen. Da weder philosophisch noch wissenschaftlich bis zum heutigen Tage geklärt ist ob es einen freien Willen gibt oder nicht, gehe ich in diesem Fall davon aus, dass es keinen freien Willen gibt. Die finale Triebfeder für Tschikatilos Taten, der Auslöser (nicht zu verwechseln mit der Ursache !!) seines Tuns waren die vorgenannten Situationen und Umstände. Er hatte einen Tunnelblick bilden müssen um seine verzerrte Sicht des Normalen zu „kompensieren". Niemand weiß bis heute wie Bewusstsein, Emotionalität, Wille und Impulse entstehen oder wie sie miteinander kommunizieren. Es gibt Hinweise, Theorien der unterschiedlichsten Art, Meinungen: geklärt ist nichts. Das ist momentan der wissenschaftliche Status quo. Alle anderen Verlautbarungen entsprechen nicht den bisherigen Erkenntnissen.

Da lesen sich dann die psychiatrischen Gutachten über Andrei Tschikatilo wie eine finstere Erzählung von einem Hexenprozess im Mittelalter. **Weil** die Hexe rote Haare hatte und einen stechenden Blick stand sie mit dem Leibhaftigen in reger Beziehung und musste sterben. Und mit dem Willen des Landesfürsten und vor allem der klerikalen Gerichtsbarkeit und somit Gottes Willen und seinem Urteil wurden Morde begangen. **Weil** Andrei Tschikatilo zum Zeitpunkt seiner Taten wusste welchen Frevel er anrichtete und seine Taten plante und heimtückisch ausführte musste er sterben bzw. ermordet werden. Man kann ein solches Todesurteil schon als Mord bezeichnen wie ich anfangs dargelegt habe. Der niedere Beweggrund der Rache bleibt auch bei staatlicher Inanspruchnahme und Handhabung nichts anderes als Mord. Fast jeder Mensch mit einer auch schwersten geistigen Dysfunktionalität weiß was richtig und nicht richtig ist. Aufgrund meiner eigenen beruflichen Tätigkeit kann ich dies hier so postulieren. Ich hatte im Laufe meines Berufslebens unzählige Situationen mit Menschen die schwerste geistige Handicaps aufwiesen und dennoch wußten dass es eigentlich falsch ist, jemanden z.b. Zu schlagen. Sie taten es dennoch weil sie es mussten. In diesem einen Moment war nur der Impuls des Schlagens vorhanden. Sonst nichts. Es lag unbestritten eine zwanghafte Situation vor. So auch bei Tschikatilo. Er musste töten. Gedanken an eventuelle Konsequenzen seines Tuns wurden in diesem Moment ausgeblendet. Nicht von ihm bewusst, sondern von seinem Zwang. Deshalb können diese Phrasen von bewusster Durchführung und Planung einer Tat und alles was an sicherheitsrelevanten Maßnahmen der Täter bedachte nur als hilfloser Versuch gedeutet werden eine scheinbar unfassbare Handlung als rational initiiert darzustellen. Ich spreche hier nicht von den sog. klinisch-psychologischen Zwangsstörungen so wie sie in den einschlägigen Lehrbüchern der Psychiatrie oder Psychologie definiert werden und eher wenig aussagen. Das plumpe Einordnen von Erkrankungen und Störungen in Kategorien wie dem **ICD[5]oderMSN[6]** mag dem einfallslosen und kargen Denkschema der

---

5 ICD- *International Statistical Classification of Diseases and Related Health Problems*
6 MSN - Diagnostic and Statistical Manual of Mental Disorders

Medizin entsprechen; weit gekommen ist sie mit ihren Künsten damit bisher nicht. Bei Erkrankungen stellt sich nicht die Frage des Warum   Hier kann es keine Antwort geben weil es immer und immer wieder ein neues Warum geben wird. Beispiel:
Warum bekomme ich einen Schnupfen ?

Lapidare Antwort der Medizin:
Weil du eine geschwächte Immunabwehr hast !
Warum habe ich eine geschwächte Immunabwehr?
Weil du Stress hattest oder schlecht geschlafen hast!
Warum hatte ich Stress oder einen schlechten Schlaf ?
Weil...und und und.

Es würde nie aufhören dieses Spiel fortzusetzen. Aber noch besser wird es, wenn wir das Ganze von der reinen medizinisch-naturwissenschaftlichen Seite betrachten.

Warum bekomme ich einen Schnupfen ?
Lapidare Antwort der Medizin: Weil du eine
geschwächte Immunabwehr hast !
Warum habe ich eine geschwächte
Immunabwehr ?
Weil du zu wenige Abwehrzellen hast?
Warum habe ich zu wenig Abwehrzellen?
Weil.... !

Warum-Fragen implizieren für unsere doch recht eingeschränkte und verzerrte Sicht der Dinge eine ursächliche (kausale) Erklärung. Da es aber keine objektive Welt gibt und somit auch keine absolute Wahrheit ist dies alles nur vom Beobachtenden und seiner gedanklichen Zusammensetzung abhängig.

Wir erschaffen uns unsere eigene Wirklichkeit allein in unserem Kopf.

Alles Seiende auf chemische oder physikalische Formeln bringen zu wollen ist immer ziemlich aussichtslos. Das Lebendige mag sein was es will, es ist aber auf keinen Fall linear. Es gibt kein Berwertungskriterium oder Maßsystem, mit dem das Unmeßbare im wirklichen Leben kommensurabel gemacht werden könnte. Wir beschreiben nur unseren Zwecken entsprechend, erklären aber nichts. Wo scheinbar die größte Ordnung herrscht, sind Verwirrung und Unklarheit schon vorprogrammiert. Die Logik eignet sich nicht zur Beschreibung biologischer Muster. Eine Belastung mit Qualitäten erschwert immer die methodische Aufgabe. Statische Gesetze sind etwas grundlegend anderes, als dynamisch-lebende Strukturen. "Unauflösliche Unauflösliche Widersprüche entstehen (erst), wenn man die Tatsache des Flußes im Leben erklären will." Wie Leben entsteht, hat noch niemand kausal erklären können. Wie das Ei den Organismus formt, bleibt eine offene Frage. Was immer wir messen ist nicht die lebende Wirklichkeit, sondern ein Mechanismus, der auf seine technischen Funktionsmöglichkeiten hin geprüft wird. Der Organismus wird zur Maschine, die nach abstrakten Prinzipien hin beurteilt wird.

Laurent Verycken, Formen der Wirklichkeit - Auf den Spuren der Abstraktion, Penzberg, 1994

Dadurch das wir die vermeintliche Wirklichkeit und Realität in unserem gedanklichen Kontext bilden und synthetisieren entsteht ein Bild; abhängig von vielen Einzelfaktoren (Kindheit, Eltern usw.) die das Ganze strukturieren und letztlich Form geben, entwickelt sich so eine andere Art der Sicht. Diese Sicht ist dann nicht mehr abhängig von Recht und Ordnung, sozialen Normen und Regeln, Werte wie Moral oder Sittlichkeit, Verwerflichkeit oder (dis-) sozialem Verhalten: es obliegt ganz allein und ganz autark dem dann folgenden cerebralen (spirituellen) Entstehungsprozess. Dieser verläuft so individuell und subjektiv ohne das er auch nur im entferntesten erklärt werden könnte. Ohne jetzt philosophisch werden zu wollen oder gar metaphysische Einlassungen zu machen kann niemand letztendlich beantworten was normal ist.

In unseren sozialen und kulturellen Gefügen mag der Begriff der sozialen Norm eine hypothetische Antwort auf diese Frage sein.

Allerdings ist diese eigentliche Erwartungshaltung der Gesellschaft (**der Mehrheit**) an den Einzelnen (**Du-Ich**) sein Handeln und Verhalten auf ein normales (statistisches) Niveau zu halten ein brutales und rücksichtsloses Prinzip dem Individuum gegenüber: Soziale Norm bedeutet dann in der letzten Konsequenz, sein eigenes „Selbstbild" (so es denn objektiv existieren mag!) hinten anzustellen, schmerzliche Kompromisse hinnehmen zu müssen und seine Individualität (Persönlichkeit) weitestgehend fremdbestimmt manipulieren zu lassen. Garantiert diese „Norm" das Fortbestehen der eigenen Kollektivität so garantiert sie im gleichen Atemzug evtl. verheerende Auswirkungen auf den Einzelnen bei Nichtbeachtung der Regeln. Augenscheinlich mag das beim „klassischen" Serienmörder der Fall sein. In einer angeblichen globalen und globalisierten Welt, in offenen Gesellschaften die Toleranz und Empathie dem Einzelnen suggerieren, die Freiheit und Gleichheit proklamieren werden diese Werte rasch zu einer Farce wenn jemand nicht das macht was die Mehrheit will.

Der französische Philosoph Claude Adrien Helvetius (1715-1771) formulierte einst dass „

Das Glück des Menschen ist, dass zu lieben, was sie tun müssen. Auf diesem Prinzip ist die Gesellschaft nicht aufgebaut".

Abweichungen von der Norm werden sanktioniert und im ärgsten Fall kriminalisiert.

Wie sehr heute die Gesellschaft versucht den Menschen in die Norm zu pressen erkennt man auch an der zunehmenden Kriminalisierung von Taten, die früher allenfalls als grober Unfug gedeutet wurden. Dies mag auch zum Denken anregen. Das deviantes Verhalten und Kriminalität aber letztendlich ein individuelles Phänomen darstellen und erst dadurch zum „Unnormalen" deklariert werden, weil es statistisch so gewertet wird, ist somit von der absoluten Künstlichkeit dieser Normen auszugehen. Alle folgenden sog. Sozial-ethischen, moralischen und ins gesamte Werteordnungen sind demnach illusionär. Sie existieren nur in unseren Gedanken und weil es Menschen gibt. Im Natursystem lässt sich schwerlich derartiges ableiten oder gar als gegeben beweisen. Da soziale Normen insbesondere das menschliche Denken und Verhalten implizieren, mag diese Aussage für unsere weiteren Belange ausreichend sein. Das abweichende Verhalten sollte ja eigentlich nach sozialpsychologischer Ansicht anlaß zu einem kritischen auseinandersetzen mit der

Situation geben: Doch allenfalls wie schon erwähnt wird etwas in statistischer Hinsicht „getan".

Über Serienmord existieren unzählige Statistiken, Fallzahlen und Prozentangaben; Erklärungen und Begründungen sind spärlich gesät. Ist der Serienmörder im günstigsten Fall hochgradig psychotisch oder schizophren sind einfache und lapidare Kommentare dazu simpel und einfach, um diese Tautologie hier einmal so zu benutzen. Liegt keine evidente Bewußtseinsstörung vor, war der Täter nach unseren Kriterien zum Zeitpunkt der Tat voll verantwortlich, ja dann kommt es zu höchsten Erklärungsnöten und Disharmonien in den psychologischen und auch juristischen Abteilungen.

Dann wird zu der eigentümlichen und naiven Vorstellung eines „Rechtsbewusstseins" gegriffen. Wußte der Täter demnach was er tat oder nicht? Ebenso könnte man die alte Frage zu beantworten versuchen, ob zuerst das Ei oder die Henne da war?!

Primitiver geht es wirklich nicht mehr. Grob ausgedrückt gilt ein Täter (hier Serienmörder) als „normal" weil er „wusste" was er tat. So einfach ist das. Schuld demnach bedeutet im juristischen Sinne

„*die Vorwerfbarkeit eines strafrechtlich relevanten Verhaltens. Vorwerfbarkeit bedeutet, dass der Täter rechtswidrig gehandelt hat, obwohl er nach seinen Fähigkeiten und unter den konkreten Umständen der Tat in der Lage war, sich von der im Tatbestand normierten Pflicht zu rechtmäßigem Verhalten leiten zu lassen*".

Daneben wird in den Paragrafen 20 und 21 des Strafgesetzbuches aber nochmals zwischen Schuldunfähigkeit wegen seelischer Störungen oder/und verminderter Schuldfähigkeit unterschieden. Schuldfähig wäre z.B. ein Täter aufgrund einer schweren seelischen Störung, bei Störungen des Bewußtseins oder auch bei Konsum von Drogen oder Alkohol. Aber auch hier gilt zu beachten: Jeder noch so psychisch oder Bewußtseinsgestörte Täter ist nicht so gestört als das er nicht wüsste dass er zu einem Messer oder Beil greift, um seine Tat auszuführen. Er „sieht" eine wie auch immer geartete Waffe als eine solche an, ist also bei „Bewusstsein" und „weiß" wozu er sie benutzen will. Ich verwende hier zunächst ganz „bewusst" keine schwülstigen psychologischen Termini sondern versuche es einmal mit dem sog. Gesunden Menschenverstand: diese Perspektive wird meines Erachtens nach bei allen Untersuchungen und Studien zum Thema Serienmord einfach nicht richtig eingesetzt; und nicht nur zum Phänomen des seriellen Tötens: in vielen Bereichen des Lebens und auch in den Wissenschaften würde ein wenig Augenmaß gepaart mit etwas Logik vieles anders erscheinen lassen. Jedes Kind mit wenigen Lebensjahren kann schon differenzieren zwischen „gut" und „böse", kann unterscheiden zwischen dem was ihm Behaglichkeit gibt und dem was ihm Unbehagen zufügt. Denn einzig und allein darum geht es im Leben. Jedes neugeborene Kind setzt diese „Fähigkeit" zum Leidwesen vieler nächtlich gestresster Eltern gerne und oft ein um sein „normales" Wohlbefinden zu erreichen.

Im Recht wird bei Tötungen im Allgemeinen differenziert, das man meinen, könnte es, ginge zu wie auf einem Basar. Da gibt es neben dem „klassischen" Mord und dem Totschlag oder der (Affekttötung) noch Körperverletzung mit Todesfolge, fahrlässige Tötung, Tötung auf Verlangen, Kindstötung, gezielte Tötung (von Staatswegen) usw. Eigentümlicherweise aber werden bei diesen Tötungen aber Gemütszustände als „Rechtfertigung" und zur motivationalen Erklärung eine sehr gedeihliche und überaus bequeme Basis bereitet. Denn ganz so plausibel und zugänglich erscheint mir die juristische und implizite psychologische Definition von Mord und Totschlag nicht. Ob nun ein Mensch „heimtückisch" und mit „Vorsatz" getötet wird und die sogenannten Mordmerkmale aufweist, oder ein Mensch durch einen „Totschlag" mit hier mildernden Aspekten ums Leben gebracht wird ist bei genauerem hinsehen sekundär. Bei beiden Geschehnissen sind emotionale bzw. non-emotionale Zustände im Spiel. Ist Wut, Hass oder Abscheu ein „höherer" Beweggrund als

„Heimtücke"? Ist der Totschläger normativ akzeptabler nur weil er aus einem Affekt heraus getötet hat und der Mörder weniger, weil dieser aus einer anders gearteten emotionalen Situation getötet hat?

Beim Hass, diesem intensiven, die Wut übersteigenden Gefühl, kommt es zu einer extremen und exorbitanten Abneigung gegen z. B. Personen. Kausal wird hier in der Psychologie eine tiefgehende seelische Traumatisierung vermutet, die schließlich in einer tiefen und später auch irreversiblen Schädigung des Selbstwertgefühls mündet.

Das Selbstwertgefühl, auch Selbstachtung oder Selbstvertrauen genannt, ist ein grundlegendes Gefühl, dass aber wiederum kein Gefühl sein soll, sondern von Psychologen gerne im Affektbereich gesehen wird. Nach dem Motto Paprika ist ein Nachtschattengewächs aus dem schließlich Roter Pfeffer gemacht wird, jongliert man hier mit Begriffen und Zuständen je nach Laune und Kompatibilität das Äpfel glatt zu Birnen werden können. Gefühl ist Gefühl, ob als Affekt bezeichnet oder Emotion. Semantische kniffligkeiten bringen hier keine Klarheit. Die Psychologie, die Wissenschaft vom menschlichen Erleben und Verhalten, die den Begriff der Seele nicht definieren kann oder auch will und von dem Philosophen Immanuel Kant zu einer reinen „Naturbeobachtung" degradiert wurde, sollte sich ihre Terminologie gründlichst überlegen und weniger differenzieren. Dann könnte man vielleicht erschließen, das Geist und Seele praktisch das Gleiche sind. Dass das Ich, das Mein oder das Selbst aus dem selben geistigen Potenzial generiert wird, dürfte mittlerweile nicht nur neurowissenschaftlich, trotz aller Querelen, bekannt sein. Beschämenderweise ist diese, ich nenne es einmal Erkenntnis, schon seit über 2500 Jahren gesichertes und stets verifizierbares Wissen von Buddhisten. Unsere Psychologie jedoch streitet sich bis heute darüber, ob denn nun ein Affekt genetisch bedingt sei, oder doch eher erlernt ist. Sollte hier einmal eine konkrete Aussage erfolgen, wissen wir dann auch vielleicht die Antwort auf die Frage, ob eher das Huhn oder das Ei da war.

Abstruser weise spricht die Jurisdiktion beim Hass von einem niederen Beweggrund. Wie aber kann sie hier eine Abstufung vornehmen, wenn auch die „höheren" Werte wie Moral, Ethik oder Humanität ein und derselben Quelle entspringen? Denn dann ist es nur eine Sache der Bewertung, eine perspektivische Angelegenheit, eine subjektive Auslegung. Gleichwohl gibt es bis heute auch keine wissenschaftlichen Erkenntnisse darüber, das z.B. Moral von Geburt an angelegt ist. Als Konklusion bliebe dann nur noch das Fazit, das diese Werte allenfalls den Charakter artifizieller Rudimente aufweisen, absolut unphysiologisch und in der lebendigen Natur nicht nachweisbar sind. Ein Dilemma. Was einst unsere Vorfahren zum Überleben brauchten, gerade nämlich Emotionen oder Affekte, wird heute ersetzt durch Moral und Ethik, wird ersetzt durch Norm und Gesetz. Der Sieg des Normativen über das Physiologische. Die unabdingbaren Urinstinkte von einst wurden sozialisiert mit dem Ergebnis inhaltloser, formloser Gesellschaften. Internet, Smartphone und zunehmende Digitalisierung tragen zu einer zunehmenden „Verblödung" bei, um diesen Begriff hier einmal zu verwenden

„

Denn obwohl wir mit einer Hand das Ich kultivieren
drücken wir es mit der anderen Hand zu
Boden.
Von Generation zu Generation treiben wir
unseren Kindern
"dummes Zeug" aus und lehren sie zu sehen
wo "ihr Platz" ist,
und wie man als kleines Ich unter vielen
anderen
sich mit der angemessenen Bescheidenheit zu
verhalten wie man zu denken und zu fühlen hat"

Allan Watts (engl. Philosoph und Schriftsteller)
http://www.sasserlone.de/autor/24/alan.watts/

Soweit nun einige Ausführungen und Überlegungen zum Normalen im Speziellen und die damit verbundenen Auswirkungen. Es gibt nichts Normales, richtiges oder falsches. Stets ist dies in seinem ganz konkreten Kontext zu sehen und ganz besonders im sozial-kulturellen Bereich. Als artifizielles transformierbares Produkt ist das Normale für Gemeinschaften jeglicher Ausprägung (Familie-Gruppe-Gesellschaft) unabdinglich für ihr Fortbestehen und von vitaler Bedeutung. Selbstverständlich. Und ebenso selbstverständlich kann es an dieser Schnittstelle nur zu Ungleichgewichten und entsprechenden Problemen kommen. Die

Physis, die lebendige Wirklichkeit, die Natur, kennt nichts normales im menschlichen Sinne. Dies ist eine von uns geschaffene illusionäre Realität. Mehr kann man darin nicht sehen. Es ist keine Rechtfertigung für die Taten eines A.R.Tschikatilo; es kann aber ein Ansatz sein hinter statistischen Größen und Fakten Menschen zu sehen.

Ich möchte hier keinen Kulturpessimismus betreiben, aber die Geschichte der Menschheit und somit auch ihre kulturellen Errungenschaften, auch in der geistigen Lebensäußerung, zeugen schon von einer erschreckenden Proportionalität zur Verdummung. Mag schon nicht von akademischer Seite das Böse im Serienmörder erklärt werden können, so verwundert das kaum. Starres wissenschaftliches Dogma und standardisierte Methoden können zu keinem Erfolg führen. Auch nicht ansatzweise. Aber schon fast hilflos und naiv muten die Methoden der Neurowissenschaften an die den Serienmörder als Opfer seiner organischen hier) Hirnorganischen Struktur auffassen wollen. Etwas Geduld werde ich dem geneigten Leser noch abverlangen müssen,bevor ich zu den Menschen kommen kann denen dieses Buch gewidmet ist. Sozusagen. Denn das hier Geschriebene soll ja nun kein Lexikon darstellen, sondern möchte auch den Anspruch erheben, etwas tiefer in die Materie einzudringen. Daher stellt sich auch hier die alte Frage, was denn teilweise so faszinierend am Bösen bzw. am Serienmörder sein soll?

Serienmord: Ein Begriff den der damalige Berliner Kriminalbeamte Ernst Gennat im Fall des sogenannten Vampir von Düsseldorf, Peter Kürten, einführte.

Aber was ist eigentlich so faszinierend an diesem Thema allgemein? Was soll diese *fesselnde Begeisterung* für teils unvorstellbar grausame, rohe und brutale Handlungen sein, so eine Definition von faszinierend. Was soll daran fesselnd sein und auch noch mit Begeisterung zur Kenntnis genommen werden?

Aber nicht doch, Ich bin nicht von diesen Taten fesselnd begeistert, mich interessieren doch ausschließlich die Menschen, die dieses Grauen generieren; so dürfte sich eine der lapidaren Argumentationen anhören.

Aber warum haben Sie ausgerechnet ein Interesse an Menschen, abgesehen vom christlich-humanistischen Hintergrund, die anderen Menschen den Kopf abschneiden, dutzende Male auf sie einstechen, schlagen oder schießen, zerfleischen oder gar kannibalistischen Tendenzen fröhnen?

Ach ja, ich vergaß, Sie meinen natürlich die Umstände und Bedingungen, also den Grund, warum jemand so etwas vornimmt

Aber warum sollte Sie dann ein Grund begeistern? Das ist doch unsinnig und unlogisch, so könnte sich eine Konklusion darstellen. Denn nach einem eigentlich kurzen beschäftigen mit der Materie werden Sie sehr schnell feststellen, dass es keine generellen Ursachen für den Serienmord sprich Serienmörder gibt.

Die Forschung auf diesem Gebiet hat längst schon resigniert, hält sich mit geschönten Statistiken und getunten Profiling-Methoden so gerade eben in der Diskussion, mögen auch noch so moderne und neue bildgebende Verfahren, ausgefeilte psychiatrische und psychologische Tests und andere Untersuchungsdesigns zum Einsatz kommen: nichts wird erklärt.

Dem ist leider so. Ich kann nichts anderes konstatieren. Denn alles was Sie von wissenschaftlicher Seite zu hören bekommen oder lesen werden lautet: *es ist möglich, wahrscheinlich, oder höchstwahrscheinlich, unter Umständen, eventuell, nur bedingt...* usw.

Semantische Floskeln und unverbindliche hypothetische Phrasen sind die Quintessenz der Ergebnisse zur Forschung auf dem Gebiet *Serienmord.*

„Aus dem verfehlten Versuch der Gesellschaftswissenschaften,
die Methoden der Naturwissenschaften zu übernehmen und
nachzuahmen, ist unserer Menschenwürde großer Schaden
entstanden. Die quantitative Methode kaschiert Sozial- und
Wertkonflikte so, als handle es sich um rein technische
Fragen. Objektivität bedeutet in menschlicher Hinsicht die
Menschen gleichzuschalten und als passive Objekte ohne
spezifische Persönlichkeit zu betrachten. Objektivität und
Natürlichkeit entstehen durch Weglassen des objektiv
Unwesentlichen. Was aber wesentlich und unwesentlich ist, ist
kein objektiver Tatbestand, sondern kann nur in Hinsicht auf
diesen oder jenen Zweck festgestellt werden. Die Zwecke, die
*sich Menschen setzen, sind immer subjektiv. **Der***
Individualität eines Menschen werden keine allgemeinen
***Theorien gerecht.** Wo ein Mensch als Individuum gefragt ist,*
hört alle Schulweisheit auf. In Bezug auf das Interesse eines
Menschen gibt es die verschiedensten Entscheidungsgründe,
die jedoch nicht objektiv und allgemeingültig bestimmt werden
können".
Laurent Verycken-Formen der Wirklichkeit. 1994

Doch zurück zu Ihnen. Warum also dieses potenzierte Interesse am Serienmord?

Vielleicht die inneren, tiefsten Begierden nach Freiheit? Einmal etwas Verbotenes tun, und sei es nur durch Lesen? Oder ist es doch eher die Faszination an den Menschen, die sich das Recht herausgenommen haben, ohne Würdigung der Ursache, über das Leben anderer und natürlich über ihr eigenes zu walten und zu bestimmen was auch immer passiert. Eine vermeintliche Freiheit zu genießen, die man nur schwerlich mit etwas anderem vergleichen kann?

Eine noch höhere Faszination geht aber von den Serientätern aus, die nicht ermittelt oder ihrer Bestrafung zugeführt werden konnten.

Kann es sein, dass Sie diese Aura des Unnahbaren auch einmal verspüren möchten?

Wie heißt es immer in diesen Kontexten: *Sein wie Gott und über Leben und Tod entscheiden dürfen.* Was für eine Aussicht zu den trivialen Dingen, die Sie jetzt machen. Acht Stunden arbeiten, etwas Sport, hin und wieder essen gehen, mal ins Kino und und und.

Eigentlich schon ziemlich langweilig, oder? Sozial gesehen sind Sie doch bestimmt mehr als konform, üben gar ein Ehrenamt aus, sind hoch beliebt bei den Arbeitskollegen, den Freunden und selbst beim Nachbarn trübt kein Makel das kleinlich gepflegte Image.

Aber was ist, wenn all dies nicht ausreicht, wenn tiefe unbewusste Informationen plötzlich ihren Anspruch anmelden?

Wenn das eigentliche Ich aus den Untiefen ihres eigenen Selbst emporsteigen will, um anstelle des sozial konformen Ich zu treten?

Wenn all die vergrabenen Träume , Sehnsüchte und ureigenen Denkmuster hervorbrechen, aber selbstverständlich nicht dürfen, da eben sozial und kulturell nicht erlaubt, moralisch gar verwerflich sind und schon überhaupt nicht mit dem Bild des Homo Technicus sich kompatibel darstellen oder mit den Erfordernissen des gebildeten Jetzt-Menschen in Einklang stehen?

Dann, ja dann, greift man eben zu anderen Kompensationsmechanismen um dem ganzen Luft zu machen und Freiraum anbieten zu können. Nun sucht der eine in pädophilen Dark-Net Foren nach scheinbarer Hilfe, der andere greift zu Whisky und Co. Und der Dritte...Nun der Dritte greift zu Literatur über Serienmörder.

Etwas zu hinkend der Vergleich, finden Sie?

Mag sein, wie man es sieht, doch könnte es auch allemal zutreffen.

Wie dem auch sei... Die Antwort liegt in Ihnen selbst. Sie müssen nur richtig hinhören.

Aber vielleicht haben die Menschen über die ich in diesem Buch schreiben werde, einfach zu wenig oder zu viel hingehört. Wie auch immer.

Doch nun soll mein laienhaftes psychologisieren ein Ende haben

Aber bevor ich mich sozusagen den Hauptakteuren dieser Schrift widme, vorab noch eine wissenschaftliche Stellungnahme zu meinen gemachten Äußerungen. Doch wie Sie unschwer feststellen werden, ist auch hier wenig erklärt.

Seit dreißig Jahren versuche ich nachzuweisen, daß es keine Kriminellen gibt,
sondern normale Menschen, die kriminell werden.
-
(Georges Simenon 1903-1989 Belgischer Schriftsteller)

Der „Psychologie der menschlichen Destruktivität"

Gilt seit Jahrzehnten sein berufliches wie auch persönliches Interesse. Nun ist sein neues Buch erschienen, mit genau jenem Untertitel. Reinhard Haller, einer der renommiertesten Psychiater des Landes, über eines der größten, komplexesten und rätselhaftesten Menschheitsthemen: das Böse. Ist eine Welt denkbar, in der das logische Prinzip, dass das Gute ein Gegenteil erfordert, nicht gilt?

Nein. Dies zu glauben, wäre illusorisch. Denn die Krone der Schöpfung, der Mensch, trägt die Anlage zum Bösen in sich. So sagt es schon die Bibel. Der Satz „Und führe uns nicht in Versuchung, sondern erlöse uns von dem Bösen" aus dem Evangelium nach Matthäus (6,13) und im Vaterunser impliziert, was heute als wissenschaftliches Faktum gilt. Bereits auf den ersten Seiten des Alten Testaments wurden die im Paradies verweilenden Urmenschen Adam und Eva in Versuchung geführt und erlagen dieser auch. „Und ihr werdet sein wie Gott und wissen, was gut und böse ist" – seit der Aneignung der Erkenntnis von Gut und Böse ist die

Versuchung des Bösen nach jüdisch-christlicher Tradition Teil der menschlichen Existenz.

Dessen ist sich auch Reinhard Haller sicher. Der Psychiater beschäftigt sich seit mehr als drei Jahrzehnten von Berufs wegen mit dem Bösen. Einen hohen Bekanntheitsgrad in Österreich und darüber hinaus erlangte Haller vor allem durch seine forensisch-psychiatrischen Gerichtsgutachten der größten Kriminalfälle Österreichs der letzten Jahrzehnte, so etwa die Fälle des Sexualmörders Jack Unterweger, des „Bombenhirns" Franz Fuchs oder des NS-Euthanasiearztes Heinrich Gross. Von Angesicht zu Angesicht berichteten ihm Sexualmörder, Serienkiller, Terroristen, Kinderschänder, Amokläufer und NS-Verbrecher von ihren Motiven und Gefühlszuständen. In seinen Gesprächen mit mehr als 300 Mördern begab sich Reinhard Haller auf die Suche nach den Wurzeln des Bösen. Seine wichtigsten Erkenntnisse hat er nun in einem neuen Buch zusammengefasst. Ein Gespräch über die Faszination des Bösen.

Herr Dr. Haller, das Böse übt auf viele Menschen eine starke Faszination aus. Wir alle sind sozusagen Voyeure des Grauens. Was, glauben Sie, warum ist die Anziehungskraft des Bösen so groß? Auf der einen Seite, glaube ich, ist das so, weil es immer sehr spannende Geschichten sind, die das Böse schreibt. Das Zweite ist, dass sich im Bösen letztlich Psychologie pur abspielt. Es sind im Prinzip jedem bekannte psychologische Vorgänge, also Eifersucht, Neid, Hass, Kränkung, Machtkämpfe etc., die in diese spannenden Geschichten eingebaut sind. Das Dritte ist, dass jeder Mensch weiß und spürt, dass er in sich auch böse Anteile hat, dass es Verschattetes gibt in seiner Psyche, dass es seelische Abgründe gibt, und diese will man kennenlernen. Das kann man auf verschiedene Arten und Weisen tun, zum Beispiel, indem man sich zum Psychiater auf die Couch legt. Die meisten Menschen sehen in den bösen Geschichten einen Spiegel, einen Spiegel ins Unbewusste, in seine eigenen bösen Anteile. Ich glaube, das ist der Hauptgrund, warum uns diese Geschichten so faszinieren.

„Jeder Mensch weiß und spürt, dass er in sich auch böse Anteile hat."

Experimente wie das berühmte Milgram-Experiment, das Sie in Ihrem Buch genau beschreiben, bestätigen, dass der Mensch nicht nur gute Anteile in sich hat. Wenn es das Gute gibt, muss es logischerweise auch das Böse geben. Ich bin überzeugt, dass jeder Mensch gute und böse Anteile hat. Es ist eine Frage der Erziehung und der Entwicklung, wie man damit zurechtkommt, ob man diese bösen Anteile auslebt oder ob man sie so sozialisiert, dass man verträglich für sich und andere durchs Leben kommt.

Eine der grundlegenden Fragen hierbei ist „Nature or nurture?", „Gene oder Umwelt?", eine von ideologischen Fehden umrankte Frage. Wie ist der Stand der Wissenschaft? Es ist ein Zusammenspiel von beidem. Die unterschiedlichen Forschungsergebnisse stellen zwar mal das eine, mal das andere in den Vordergrund – in den letzten Jahren hat *besonders die Hirnforschung neue Ergebnisse geliefert –, böses Verhalten ist aber so komplex, dass es nicht nur organisch sein kann oder sich nur auf Hirnareale oder -zellen beziehen kann, sondern da sind auch viele andere Dinge involviert. Die Streitfrage allerdings, ob der Mensch als böses Wesen auf die Welt kommt und dann zum guten erzogen werden kann und muss, oder ob er als gutes Wesen auf die Welt kommt und erst durch Erziehung und Umgebung schlecht wird, ist nach wie vor nicht entschieden.*

Kürzlich ereignete sich in Kitzbühel ein Fünffach-Mord: Ein 25-Jähriger tötete seine Ex-Verlobte sowie vier ihrer Familienangehörigen und gestand die Tat danach. Da Ihnen für gewöhnlich die großen Kriminalfälle in Österreich zugeteilt werden, sind Sie in den Fall involviert? Ich bin tatsächlich involviert, ja, und darf direkt zum Fall natürlich nichts sagen.

Das ist verständlich. Gibt es abgesehen von einem Psychogramm des Täters und Einzelheiten zum Fall etwas, was Sie dazu sagen können? Der Laie würde meinen, es wäre eine klassische Beziehungstat gewesen. Allgemein kann ich sagen, dass sich das Böse zunehmend im zwischenmenschlichen Bereich abspielt. Etwa 65 Prozent der Tötungsdelikte in Österreich sind Beziehungsdelikte, die meisten schweren Verbrechen spielen sich also in den eigenen vier Wänden ab. Die Konstellation männliches Geschlecht, 20 bis 30 Jahre alt, eine vorangehende Kränkung, die Eifersucht sein kann, Alkohol, der oft im Spiel ist – im Fall von Kitzbühel trifft das offenbar nicht zu –, das ist sehr typisch bei Gewaltverbrechen dieser Art. Auffällig ist auch ganz allgemein, dass die Delikte immer motivärmer werden. Eine Trennung darf man zwar vielleicht nicht als geringfügig bewerten, aber sie rechtfertigt jedenfalls nicht diese übermaximale Reaktion, diesen Overkill. Es ist international zu beobachten, dass sich immer mehr motivarme Tötungsdelikte mit immer stärkeren Reaktionen ereignen.

„Was kränkt, macht nicht nur krank, sondern oft auch kriminell."

Die „Banalität des Bösen", ein von der politischen Theoretikerin Hannah Arendt geprägter Begriff, drückt aus, dass das Böse häufig in ganz normaler Gestalt daherkommt.

Wie Sie bereits erwähnt haben, sind etwa zwei Drittel aller Tötungsdelikte in Österreich Beziehungsdelikte. Gibt es hier Möglichkeiten zur Prävention?
Das ist schwierig. Dieser Trend in Österreich, dass man die Schuld immer bei der Gesellschaft sucht, der gefällt mir ehrlich gesagt nicht, denn schuldig ist natürlich der, der die Tat begeht. Was die Prävention betrifft, so müsste diese dahin gehen, dass man sich überlegt, was man mit dem hohen Aggressionspotenzial, das in jungen Männern schlummert, tut. Ein junger Mann, ein Jugendlicher hat einen enormen

Kräftezuwachs, es geht um das Ausloten von Grenzen, bei einem Einfluss von aggressionshemmenden Hormonen. Dazu kommen oft Minderwertigkeitsgefühle. Die Frage ist: Was machen wir mit diesen Aggressionen? Früher war es die körperliche Arbeit, durch die viel an Aggression abgeführt wurde. Das haben wir heute nicht mehr aufgrund der vorwiegend sitzenden Tätigkeiten, die wir ausüben. Es kommt also zu einem Aggressionsstau, vor allem bei Menschen, die nicht nur viel im Sitzen arbeiten, sondern auch keinen Sport machen. Hier müsste man ansetzen in der Präventionsarbeit.

Der zweite Punkt betrifft mein persönliches Lieblingsthema, weil ich mich damit besonders beschäftige, und zwar: wie man mit der Kränkbarkeit der Menschen anders umgehen kann. Dieses Thema ist tabuisiert, Kränkungen sind schließlich nichts für harte Männer, sondern für Weicheier und Warmduscher. Das ist natürlich ganz falsch, denn auch Männer sind extrem verletzlich hinter der Maske der Coolness und können am Ende mit Kränkungen auch nicht umgehen. Frauen sind eher bereit, sich mit einer Kränkung auseinanderzusetzen, auch in Therapie zu gehen, während Männer rasche und möglichst gründliche Lösungen wollen. Solche erweiterten Morde wie der von Kitzbühel sind todsichere Lösungen im schlimmsten Sinn des Wortes.

Im Vorwort zum neuen Buch schreiben Sie: „Was kränkt, macht nicht nur krank, sondern oft auch kriminell." Können Sie das kurz erklären? Was macht Kränkung mit uns? Wie bereits angesprochen, denke ich, dass das Thema Kränkung sehr stiefmütterlich behandelt wird. Es gibt nicht einmal eine medizinische Diagnose dafür, geschweige denn eine Definition, aber jeder weiß, was es ist. Kränkung wird häufig nicht ernst genommen, wird verdrängt, sie ist einem peinlich. Das ist aber der Boden, auf dem sie heranwuchert. Die Kränkung entwickelt sich *wie ein Eiterherd, den man unter der gesunden Haut gar nicht sieht, der sich aber weiterwühlt und irgendwann zum Durchbruch kommt. Schon Hildegard von Bingen hat gesagt: „Was kränkt, macht krank; was beleidigt, erzeugt Leid." Man kann gut belegen, dass viele psychosomatische Leiden, Süchte und auch Kriminaltaten mit Kränkungen zu tun haben. Am Arbeitsplatz ist Mobbing systematisches Kränken. Abfälliges Lachen, die Nicht-Erwiderung des Grußes, ... – das sind typische Kränkungen, die verheerende Folgen haben können, die bis zur Berufsunfähigkeit gehen. Im Kriminalbereich haben Terroranschläge, die sich gegen die kalte, ausschließende Welt richten, sehr viel mit Kränkungen zu tun. Bei Familien- und Beziehungstragödien sind meist Kleinigkeiten, also typische Kränkungen, die Auslöser. Und auch Kriege werden durch Kränkungen ausgelöst. Beide Weltkriege hatten natürlich mehrere Ursachen, aber die Demütigungs-, die Kränkungshypothese, gilt heute bei Historikern als eine ganz wichtige.*

Die Erschießung des Thronfolgers als Auslöser des Ersten Weltkriegs war für das mächtige Habsburgerreich eine Beleidigung, die es sich nicht gefallen lassen konnte. Auch Adolf Hitler kannte das Kränkungsgefühl aus seinem eigenen Leben gut. Ich will damit niemanden verteidigen oder etwas rechtfertigen, sondern psychologische Abläufe bewusst machen. Nur so kann man dagegen vorgehen.

In Ihrer Arbeit als psychiatrischer Gerichtsgutachter gibt es oft keine absoluten Antworten auf die Fragen, die sich auftun. Dass es mehr um Wahrscheinlichkeiten als um Sicherheiten geht, dass es, was die Psyche des Menschen betrifft, nicht für alles eine Erklärung, schon gar nicht eine mit mathematischer Sicherheit, gibt, ist das das Schwierige an Ihrer Arbeit – und gleichzeitig auch genau das, was Sie daran lieben? Ich muss zugeben, dass das weite Land der Seele niemals so vermessen werden kann wie ein Organ oder ein Bremsweg.

Dementsprechend hat man einen gewissen Ermessensspielraum. Die Frage, ob jemand schuldfähig ist oder nicht, ist in der Regel aber gar nicht so schwierig zu beantworten, denn hier geht es einfach darum, festzustellen, ob jemand eine schwere psychische Störung hat, eine akute Geisteskrankheit. Naturwissenschaftliche Genauigkeit und mathematische Sicherheit gibt es allerdings nicht, das ist richtig. Wir können die Psyche eines Menschen nicht vermessen. Viel schwieriger und letztendlich auch nicht lösbar ist die Frage der Zukunftsprognose, ob jemand gefährlich ist. Dort kann man tatsächlich, wie Sie sagen, nur bestimmte Risikoparameter und Wahrscheinlichkeiten aufzeigen.

„Wir können die Psyche eines Menschen nicht mit mathematischer Genauigkeit vermessen."

Diese Verantwortung, zu entscheiden, ob ein Mörder rückfällig werden könnte oder geheilt ist, ist eine immense. Ja, das ist tatsächlich etwas, was in meinem Beruf bedrückend ist. Wenn in meiner Umgebung ein Mord passiert, und man weiß noch nicht, wer der Mörder ist, habe ich zugegebenermaßen immer höchste Angst und sage zu mir: „Hoffentlich ist das nicht einer, bei dem ich vor ein paar Wochen gesagt habe, dass er eine gute Prognose hat!" Darum sollte man diesen Teil der gutachterlichen Aufgaben meines Erachtens auf eine Kommission aufteilen. Ich bin sonst eher „kommissionsallergisch", aber wenn es um so große Entscheidungen geht, müsste man verschiedene Professionen ihre Meinungen einbringen lassen, also jemanden von der Bewährungshilfe, vom Justizvollzug, von der Verfolgungsbehörde, einen psychiatrischen Sachverständiger involvieren.

Nicht nur würde sich so die Verantwortung verteilen, auch kommen mehrere Personen gemeinsam zu einem besseren Bild.

Ich glaube, diese immense Verantwortung, von der Sie gesprochen haben und die schon Kollegen in den Suizid getrieben hat, ist auch der Grund, warum wir eine so hohe Zahl an Einweisungen und Unterbringungen haben, obwohl man weiß, dass von den Personen, die untergebracht sind, die Hälfte gar nicht gefährlich ist. Die Gutachter sind natürlich übervorsichtig. Wenn jemand nach der Entlassung mit angeblich guter Prognose jemanden umgebracht hat, dann können Sie sich vorstellen, welch enormer Druck auf dem Gutachter lastet.

Muss man unterscheiden zwischen der bösen Tat und dem bösen Menschen?
Das ist eine sehr gute Frage. Aber noch interessanter und mindestens so wichtig ist die Frage: Unter welchen Bedingungen kommen beim Menschen die bösen Anteile, die in ihm ruhen, zum Durchbruch, sodass er eine böse Tat verübt? Das ist höchst spannend. Wie kann es sein, dass man bei einem völlig unauffälligen Mitbürger daraufkommt, dass er

ein grauenhafter NS-Scherge war? Oder dass man bei jeder schlimmen Tat sagt, der Täter war ein ganz netter Mensch, unauffällig, hilfsbereit...?

Warum sind es unverhältnismäßig mehr Männer als Frauen, die böse Taten verüben? Diese Tatsache muss wohl, zumindest zu einem Teil, mit jenem Anteil bei der Entstehung des Bösen zu tun haben, der genetisch/biologisch bedingt ist.

Ja ja, der Teufel ist ja auch männlich. (schmunzelt) Die erste Sünderin war nicht Eva, sondern der männliche Luzifer. Am Anfang stand eine narzisstische Sünde, Gott gleich sein zu wollen. Das erste Verbrechen in der Bibel war der Brudermord von Kain an Abel. Auch das Urverbrechen der Menschheit hat im Übrigen als Urmotiv eine Kränkung gehabt: Gott beachtet Kains Opfer weniger als das von Abel, was Kain tief kränkt. Gott selbst gibt eine wunderbare Beschreibung der Kränkung: „Kain, du trägst in dir ein lauerndes Tier."

Man kennt es nicht so genau, es ist auf jeden Fall vorhanden, es wird zuschlagen, aber man weiß nicht, wann und wie lange das dauert.

83

Um Ihre Frage konkret zu beantworten: Da spielen mehrere Faktoren eine Rolle. Zum einen sind Mann und Frau genetisch anders programmiert, zweitens gibt es auch vom Hirnbau her Unterschiede. Beim weiblichen Gehirn sind die sozialen Strukturen, die für soziale Kompetenz, für Emotionalität zuständig sind, stärker ausgeprägt als beim männlichen. Frauen und Männer stehen außerdem unter einem ganz unterschiedlichen hormonellen Einfluss. Hinzu kommt, dass Männer und Frauen ganz anderes sozialisiert werden. Männer müssen kämpfen, Männer dürfen keine Schwäche zeigen, Männer haben viel mehr riskante Verhaltensweisen... Alle diese Faktoren führen dazu, dass der Anteil männlicher Mörder im Vergleich zu weiblichen überproportional ist. Frauen sind auf andere Weise grausam, mehr im seelischen denn im physischen Bereich.

Und wenn sie töten, töten sie dann auch anders?

Sie bevorzugen weichere Methoden – wobei es bei einem Mord nur ein Euphemismus sein kann, das zu sagen. Früher haben Frauen sehr oft mit Gift getötet; die Giftmörderin war das Gegenstück zum bösartigen männlichen

Narzissten. Mittlerweile, mit den neuen Ermittlungsmethoden, ist Vergiften als Tötungsmethode allerdings in eine Krise gekommen, weil man Gift sehr leicht nachweisen kann. Wobei das nicht ganz richtig ist, weil es die wahrscheinlich meisten Tötungsdelikte im Pflegebereich gibt. Es kommen immer wieder große Serien auf, die aber auch nur die Spitze des Eisbergs sind. Wenn ein alter, pflegebedürftiger Mensch stirbt, nimmt man es mit der Totenschau nicht so genau, weil man sagt, er war halt sehr alt und ist an Altersschwäche verstorben. Es gibt hier allerdings eine relativ große Dunkelziffer an Tötungsdelikten.

Wir haben in Österreich heute ein kriminalitätsarmes Milieu. Warum ist das so? Gilt hier: Je höher eine Kultur, je zivilisierter eine Gesellschaft, desto weniger Kriminalität? Oder wie Freud sagte: „Das Böse kann nur durch die Kultur zurückgedrängt werden." Ich bin überzeugt davon, dass das möglich wäre, wobei ich unter „Kultur" auch wirtschaftlichen und sportlichen Wettbewerb verstehe. Eine Fußballweltmeisterschaft ist *auch Krieg auf hohem Niveau – es werden alle Bedürfnisse, die man im Krieg hat, befriedigt: Länder kämpfen gegeneinander, es geht um Geld, man macht eine Riesenpropaganda, die Schlachtgesänge, die Gladiatoren, die Feldherren und die anschließenden Siegesparaden...man kann hier alles hineinprojizieren, was es auch im Krieg gibt, allerdings auf eine unblutige Art und Weise. Aber um zu Ihrer konkreten Frage zu kommen: Diese ist sehr umstritten. Ich glaube, es sind mehrere Bedingungen. Erstens haben wir glücklicherweise keine großen kriminellen Strukturen, was auch ein Erfolg der Behörden, der Exekutive, ist. Das Zweite ist, dass wir ein gutes soziales Netz haben und die sozialen Risikofaktoren keine so große Rolle spielen. Außerdem haben wir generell eine Verlagerung des Verbrechens ins Virtuelle, was natürlich von der manifesten Kriminalität auch einiges an Potenzial abzieht.Sie haben viele Stunden mit Schwerstverbrechern verbracht und mehr als 300 Mörder im*

Gefängnis befragt. Sind diese Menschen so viel anders als wir?

Das Böse kommt ja meist in banaler Gestalt daher. ... So ist es. Es war für mich, als ich in diese Tätigkeit eingestiegen bin, eine große Überraschung, dass Schwerverbrecher Menschen sind, ich würde jetzt nicht sagen, wie Sie und ich, aber der Großteil sind einfach Menschen, die es oft selbst nicht fassen können, dass sie eine solche Tat verübt haben. Es gibt eine Gruppe von 15 bis 20 Prozent, die schwere psychische Probleme haben, das heißt, die auch nicht zurechnungsfähig sind; und es gibt eine ganz kleine Gruppe, die dem nahekommt, was man aus psychiatrischer Sicht als „das Böse" bezeichnen kann, also ganz schwer bösartige Psychopathen. Letztere sind psychiatrisch am interessantesten – obwohl es auch makaber ist, wenn man über einen schwer Gestörten sagt, er sei super interessant. Diese Gruppe ist sehr klein und man kann sie auch nicht heilen, sondern da gibt es nur die Möglichkeit, dass man die

Gesellschaft vor ihnen schützt und sie in Anstalten unterbringt, bis sie alt werden. Das Alter nimmt meistens die Gefährlichkeit. Wir haben hier heute noch keine anderen Möglichkeiten.

https://www.salzburger.online/die-faszination-des-boesen/Aufruf 06/2024

Axeman of New Orleans

(dt.: ‚Axtmann von New Orleans') ist das von der Presse verliehene Pseudonym eines nie mit Sicherheit ermittelten Serienmörders (oder mehrerer zusammenwirkender Personen). Die Mordserie fand in New Orleans zwischen 1911 und 1919 statt, zwischen 1911 und 1918 gab es eine lange Pause. Nach 1919 wurden keine Taten bekannt, die der Serie zuzuordnen sind.

Vorgehensmuster

Die Taten waren dadurch gekennzeichnet, dass die Angriffe nachts geschahen, als sich die Opfer in ihren Betten befanden. Der oder die Täter brachen in die Häuser der Opfer ein, in der Regel, indem sie ein Brett aus der Hintertür entfernten. Dann begaben sich der oder die Täter in die Schlafzimmer der Opfer und schlugen mit einer Axt – und in einem Fall einem Beil – auf den Kopf der Opfer ein. Es wurden keine Gegenstände geraubt. Die Axt wurde oft am Tatort oder in unmittelbarer Nähe zurückgelassen.

Opfer

Opfer waren zuerst italienischstämmige Lebensmittelhändler, weshalb zunächst der Verdacht bestand, dass es sich um Morde der Mafia im Zusammenhang mit Schutzgelderpressungen handeln könnte. Später wurden auch andere als italienischstämmige Personen Opfer. Insgesamt zeigte die Auswahl der Opfer keine erkennbaren Muster.

Im Einzelnen wurden dem Axeman of New Orleans die folgenden Taten zugeschrieben:

1911

In diesem Jahr wurde ein Lebensmittelhändler namens Cruti mit einer Axt ermordet in seinem Bett gefunden. Es wurde auch das Ehepaar Rosetti erschlagen in seinem Bett aufgefunden.

Der Ehemann war Lebensmittelhändler. Weiterhin wurden 1911 der Lebensmittelhändler Toni Schiambra und seine Frau mit einer Axt erschlagen in ihrem Bett aufgefunden. Es ist allerdings umstritten, ob die Opfer aus dem Jahre 1911 der Mordserie des Axeman zuzurechnen sind.

1918

- Am 22. Mai 1918 wurde das Ehepaar Joseph und Catharina Maggio in seinem Schlafzimmer erschlagen, die Kehlen wurden mit einem Rasiermesser durchschnitten.
- Am 6. oder 28. Juni 1918 wurden der polnischstämmige Lebensmittelhändler Louis Besumer (anderen Quellen zufolge Louis Besemer) und seine neben ihm schlafende Lebensgefährtin Anna Harriet Lowe angegriffen. Besemer überlebte mit Kopfverletzungen, hatte aber keine konkreten Erinnerungen an die Tat.

Auch seine Lebensgefährtin konnte keine brauchbaren Angaben machen und verstarb im Krankenhaus.

- *Am 5. August 1918 fand der Geschäftsmann Edward Schneider beim Heimkommen seine hochschwangere Frau mit schweren Kopfverletzungen vor. Sie konnte sich nur an eine dunkle Gestalt erinnern. Sie überlebte und gebar am 10. August eine Tochter.*

- *Am 10. August 1918 wachten Mary und Pauline Bruno von Schreien im Zimmer ihres Onkels, des Friseurs Joseph Romano, auf. Sie sahen noch eine große dunkle Gestalt fliehen, der Onkel war erschlagen worden.*

1919

- *Am 10. März 1919 wurde Charles Cortimiglia tot in seinem Bett von Nachbarn aufgefunden, seine Frau Rosie war schwer verwundet, die gemeinsame zweijährige Tochter ebenfalls ermordet. Rosie Cortimiglia bezichtigte die Nachbarn der Tat, nahm dies aber 1920 zurück.*

- *Am 10. August 1919 wurde der italienische Lebensmittelhändler Steve Boca im Schlaf angegriffen. Er überlebte schwer verletzt, erinnerte sich aber nur an eine dunkle Gestalt und die Axt.*

- *Am 3. September 1919 wurde Sarah Laumann im Bett erschlagen aufgefunden. Der Täter hatte sich diesmal durch ein geöffnetes Fenster Zutritt verschafft.*

- *Am 27. Oktober 1919 wurde Mike Pepitone erschlagen. Seine in einem anderen Zimmer schlafende Frau will nach ihrer Aussage nach der Tat zwei Männer gesehen haben, die aus dem Zimmer ihres Mannes flohen.*

Theorien zur Täterschaft

Der oder die Täter konnten bis heute nicht mit Sicherheit ermittelt werden. Zur Täterschaft gab es folgende Theorien und Gerüchte:

Organisiertes Verbrechen

Die erste handfeste Theorie war, dass es sich um Taten der Mafia oder der Black Hand Gang im Zusammenhang mit Schutzgelderpressungen gegen Lebensmittelhändler handelte. Hiergegen spricht zum einen, dass es sich nicht nur um italienischstämmige Opfer und nicht immer um Lebensmittelhändler handelte, und zum anderen die Tatsache, dass zu den Opfern auch Frauen und Kinder gehörten, die damalige Mafia es allerdings vermied, Frauen oder Kinder zu töten. Außerdem gab es zur damaligen Zeit keine Mafia-Organisation in New Orleans.

Joseph Mumfre

Mrs. Pepitone, die Frau des letzten Opfers, will in einem gewissen Joseph Mumfre den Mann erkannt haben, der am 27. Oktober das Zimmer ihres Mannes verließ. Mumfre wurde von Mrs. Pepitone am 2. Dezember 1920 auf offener Straße in Los Angeles erschossen. Sie hatte ihn dorthin verfolgt und musste für die Tat drei Jahre im Gefängnis absitzen. Mumfre hatte vorher in New Orleans gewohnt und war erst kurz nach der Tat vom 27. Oktober 1919 aus New Orleans weggezogen. Er musste zwischen 1911 und 1918 und zwischen der letzten Tat im Jahre 1918 und der ersten im Jahre 1919 Gefängnisstrafen absitzen, was die Unterbrechung der Mordserie erklären würde. Darüber hinaus konnten aber keinerlei Hinweise auf die Täterschaft Joseph Mumfres nachgewiesen werden.

Sonstige Gerüchte/Theorien

Weiter besteht die Theorie, dass der Axeman bereits 1919 erkannt und getötet worden sei, was zum Ende der Mordserie geführt habe.

Bereits während der Morde kam das Gerücht auf, dass der Täter ein Geist sei. In der Folklore New Orleans wird er als schwarzgekleideter, langer, dünner Mann mit schwarzem Schlapphut beschrieben. Gestützt wurde dieses Gerücht wahrscheinlich durch die Tatsache, dass ein von einigen Zeugen und überlebenden Opfern als groß beschriebener Mann sich durch die relativ engen Öffnungen an den Hintertüren Zugang verschaffen konnte.

Weiter angeheizt wurden Gerüchte um ein übernatürliches Wesen durch ein auf den 13. März 1919 datiertes Bekennerschreiben, in dem sich der angebliche Täter wie ein übernatürliches Wesen beschrieb und das den Absender hottest hell ‚heißeste Hölle‘ trug. Der Verfasser orientierte sich hierbei an Jack the Ripper, der 1888 im East End Londons vermutlich fünf Prostituierte grausam ermordete und sein drittes Bekennerschreiben an die Polizei mit dem Absender from hell versah. Das Bekennerschreiben wurde am 16. März 1919 in der Zeitung The Times-Picayune veröffentlicht. Darin verhöhnt der Axtmann seine Verfolger und wartet mit einem bizarren Vorschlag auf: Wenn es keine weiteren Toten geben soll, müsse in jedem Haus in New Orleans in der darauffolgenden Dienstagnacht eine Jazzband spielen. So kam es, dass fast überall in der Stadt Jazzmusik zu hören war und es keine weiteren Opfer gab. Angenommen wurde aber, dass sich ein Trittbrettfahrer einen üblen Scherz mit den verängstigten Einwohnern von New Orleans erlaubt hätte.

97

Die „Kanalmorde" im Rhein-Main-Gebiet
(1976 bis 1983)

Die Kanalmorde, auch Kläranlagenmorde genannt, sind eine Serie ungeklärter Verbrechen, die sich in den 1980er Jahren im Rhein-Main-Gebiet ereignet haben. Die grausam zugerichteten Opfer waren sieben männliche Jugendliche im Alter zwischen elf und 18 Jahren, deren Leichen in Kläranlagen gefunden wurden. Sie waren zum Teil der Prostitution im damaligen Bahnhofsmilieu von Frankfurt und Offenbach nachgegangen. Trotz intensiver Ermittlungen konnte der Täter nie gefasst werden. Auch die Fernsehsendung „Aktenzeichen XY" nahm sich dem Fall an, ohne allerdings eine Aufklärung zu erwirken. Der bekannte Kriminalpsychologe Rudolf Egg bestimmte später im „Kriminalreport Hessen" den möglichen Typus des Kanalmörders. Er sei etwa 50 Jahre alt und ledig. Möglicherweise wurde er als Kind selbst missbraucht und entwickelte eine „Hassliebe" zu homosexuellen Strichern. Er liebte sadistische Fesselspiele. Egg sprach von einem „tief verwurzelten Menschenhass" des Mannes. Sollte das Alter stimmen, wäre der Mann heute in den 90ern.

https://www.ksta.de/panorama/die-11-bekanntesten-serienmoerder-die-nie-gefasst-wurden-2-840476 *Aufruf 05/2025*

Zodiac

Ende der 1960er-Jahre versetzte der berüchtigte Zodiac Killer, dessen Identität bis heute ungeklärt ist, die amerikanische Bevölkerung in Angst und Schrecken. Im Raum San Francisco ist er den Behörden zufolge für mindestens fünf Morde an meist jungen Paaren verantwortlich, zwei weitere Opfer überlebten schwer verletzt.

„I like killing people because it's so much fun." – "Ich mag es, Leute zu töten, denn das macht so viel Spaß."

1969 erhält die Zeitung The San Francisco Examiner ein Brief mit diesen grausamen Worten. Der Absender ist der bald schon notorische Zodiac Killer, der Nordkalifornien in den späten 60er und frühen 70er Jahren terrorisierte. Die Suche nach der wahren Identität des Mörders beschäftigt die Polizei, professionelle Code-Knacker und

Kriminologen seit nunmehr fünf Dekaden. Offiziell wurde er mit fünf Morden und zwei schweren Körperverletzungen in Verbindung gebracht. Er selbst behauptet jedoch, für mindestens 37 Morde verantwortlich zu sein. Nachdem er die Polizei und die Medien mit mehr als zwei Dutzend Briefen bombardierte, schien er in den späten 70er Jahren vom Erdboden verschwunden zu sein. Doch der Mythos um den Zodiac Killer bleibt bis heute bestehen und war Anlass für zahlreiche Bücher und Verfilmungen. Das ist die Timeline des Falls im Überblick:

Santa Barbara, 4. Juni 1963

Robert Domingos und seine Verlobte Linda Edwards waren im letzten Jahr der Lompoc High School in Santa Barbara, Südkalifornien, als sie 1963 einen kleinen Ausflug zum Sonnenbaden in dem nicht weit entfernt gelegenen Gaviota State Park unternahmen. Als die beiden Teenager am darauffolgenden Mittwoch nicht wieder nach

Hause kamen, machte sich Roberts Vater auf die Suche nach seinem Sohn. Am Strand macht er eine schreckliche Entdeckung: Er fand die Leichen des Liebespaares in einer alten, heruntergekommenen Hütte. Die beiden Opfer waren mit einem Seil gefesselt und durch Schüsse getötet worden. Auf Robert war elfmal, auf Linda neunmal geschossen worden. Der Mörder hatte die leblosen Körper zu der Hütte geschleift und versucht, dort ein Feuer zu legen, was ihm aber nicht gelungen war. Die Ermittler hatten ein paar Hinweise, denen sie nachgingen. Erst 1972 wurde eine Verbindung zum Zodiac Killer hergestellt. Bei dem Mordfall war der gleiche Munitionstyp verwendet worden, wie bei einem weiteren Zodiac-Mord 1968. Auch waren weitere Parallelen zu einem anderen Zodaic-Fall, dem Angriff eines jungen Pärchens in 1969, erkennbar.

Riverside, 30. Oktober 1966

Die 18-jährige Cheri Josephine Bates lebte zusammen mit ihrem Vater Joseph in Riverside, Kalifornien, und besuchte das dortige City College. Am 30. Oktober 1966 hinterließ sie ihrem Vater eine kurze Nachricht: „Dad – ich bin zur RCC Bibliothek gegangen". Am nächsten Morgen wurde ihr Auto verlassen auf dem Parkplatz der Bibliothek gefunden. Das junge Mädchen wurde nicht weit entfernt zwischen zwei Häusern liegend gefunden. Auf sie war mehrfach eingestochen und ihr schließlich die Kehle durchgeschnitten worden.

Die Polizei fand bei der Sicherung des Tatorts eine Männeruhr der Marke Timex, Abdrücke eines Militärstiefels sowie ein paar Haare in der Hand des Opfers. Die Handtasche des Opfers war mit dem gesamten Inhalt noch am Tatort.

Einen Monat nach der Tat erhielten die Lokalzeitung und auch die Polizeiwache einen anonymen Brief, in dem ein Unbekannter die Verantwortung für die Tat übernahm. Im April 1967 kamen weitere Nachrichten, die mit einem Symbol das an den Buchstaben Z erinnert, unterschrieben waren.

1969 stellten die Ermittler einen Bezug zu den Zodiac Morden her. Als die Verbindung zum Zodiac in der Zeitung publik gemacht wurde, sandte dieser der Los Angeles Times einen weiteren Brief, indem er den Ermittlern für das Herausfinden seiner Täterschaft in dem Fall von Cheri Jo Bates gratuliert.

Benicia, 20. Dezember 1968

Fünf Tage vor Weihnachten trafen sich die High School Schüler Betty Lou Jensen und David Faraday zu ihrem ersten Date. Sie versprachen Betty Lous Eltern, vor 23 Uhr wieder Zuhause zu sein. Kurz nach 23 Uhr entdeckten vorbeifahrende Motorradfahrer zwei leblose Körper neben einem Auto an einem beliebten Ausblickpunkt für Pärchen in Benicia, Kalifornien. Die gerufenen Polizisten *fanden die Leiche von Betty Lou mit fünf Kugeln im Kopf. David hatte eine Kugel in den Kopf getroffen. Um den Tatort herum fanden die Ermittler mehrere Munitionshülsen, die wahrscheinlich als Warnung abgefeuert wurden und die Teenager aus ihrem Wagen hatte treiben sollen. Lange Zeit nahm die Polizei an, das* Pärchen war zufällig Opfer eines Killers geworden.

Vallejo, 4. Juli 1969

Die 22 Jahre alte Darlene Ferrin war verheiratet, Mutter und eine beliebte Kellnerin im Vallejo Restaurant. Am Abend des 4. Juli 1969 holte sie ihren Bekannten Michael Mageau ab und parkte ihren Wagen auf dem Parkplatz des Blue Rock Springs Park. Michael sagte später aus, dass ein weiteres Fahrzeug gegen Mitternacht auf den Parkplatz gefahren wäre. Der Unbekannte fuhr wieder weg und kam nur wenige Minuten später erneut auf den Parkplatz. Der Fahrer stieg aus, leuchtete mit einer Taschenlampe und schoss dann auf das Auto, in dem die beiden saßen. Michael wurde in den Kiefer und in die Schulter getroffen, Darlene bekam mehrere Kugeln ab und starb bei der Ankunft ins Krankenhaus.

Um 00.40 Uhr rief ein Mann von einer Telefonzelle einer Tankstelle die Polizei an und behauptete, der Täter zu sein. In einer langsamen, monotonen Stimme lotste der Anrufer die Beamten zum Tatort. Am Ende des Gesprächs bekannte er sich auch zu dem Mord an dem jungen Liebespaar in Benicia. Der Anrufer konnte nie identifiziert werden.

Briefe zu den Taten

Am 4. August 1969 gingen Briefe bei drei verschiedenen Zeitungen ein, die je einen Poststempel mit dem Datum vom 31. Juli trugen. Die Vallejo Times-Herald erhielt eine Nachricht, in der der Absender die Täterschaft für zwei Morde einforderte und Details zu den Opfern und dem Tathergang lieferte. Die San Francisco Chronicle erhielt einen fast identischen Brief, nur enthielt dieser auch ein Drittel eines verschlüsselten Codes. In der Nachricht an den San Francisco Examiner drohte der Killer damit, weitere Morde zu begehen, wenn sein Rätsel nicht veröffentlicht werden würde. In diesem Brief stand auch der Satz „I Like killing people because it's so much fun." In einem dreiseitigen Brief an den Examiner am 4. August 1969 nannte der Killer sich zum ersten Mal selbst den Zodiac.

Lake Berryessa, 27. September 1969

An einem Samstag Ende Septembers entspannten die beiden Universitätsstudenten Bryan Hartnell und Cecelia Shepard sich am Ufer des Sees Berryessa, etwa 48 Kilometer entfernt von Napa, Kalifornien. Plötzlich tauchte ein Mann auf mit einer Kapuze auf dem Kopf und einer Waffe in der Hand. Auf der Brust seines Pullovers war ein weißer durchgestrichener Kreis eingenäht. Er behauptete, gerade aus dem Gefängnis ausgebrochen zu sein. Daher würde er Geld *für die Flucht nach Mexiko benötigen. Er fesselte die beiden Studenten an den Handgelenken. Ohne Vorwarnung begann er dann, auf Bryan einzustechen. Insgesamt sechs Stichwunden wurden später gezählt. Anschließend wandte er sich Cecilia zu und stach zehnmal auf sie ein. Danach ging der Angreifer zu Bryans Auto und malte einen durchgestrichenen Kreis auf die Autotür, zusammen mit den Daten und Orten seiner vorigen Attacken. Später rief ein Unbekannter bei der Polizei an, berichtete von einem Doppelmord und führte sie zu dem Auto des Opfers. Cecilia starb an den Verletzungen, Bryan überlebte.*

San Francisco, 11. Oktober 1969

Der 28-jährige Paul Stine arbeitete als Taxifahre in San Francisco. Am Abend des 11. Oktober 1969 hatte er einen Fahrgast, der in die noble Wohngegend in Presidio Hights gefahren werden wollte. An einer Kreuzung schoss der Fahrgast Paul auf einmal in den

Kopf. Der Täter konnte weglaufen, bevor die Polizei am Tatort ankam. Da Zeugen den Schützen fälschlicherweise als schwarz beschrieben, wurde ein verdächtiger weißer Mann nicht weiter befragt.

Auf der Fahrertür des Taxis wurden fremde Fingerabdrücke sichergestellt und ein Fahndungsbild anhand von Augenzeugenberichten erstellt. Lange Zeit galt der Übergriff als normaler Raubüberfall, bis jedoch ein Brief bei der San Francisco Chronicle einging, der mit den Worten „Ich bin der Mörder des Taxifahrers" begann. Dem Brief lag ein Stück des blutigen T-Shirts des Opfers bei.

Briefe zu den Taten

Im November 1969 schickte der Zodiac zwei Briefe an die San Francisco Chronicle. Neben dem Bekenntnis zu dem Mord an dem Taxifahrer, schickte er auch den längsten Brief, eine siebenseitige Nachricht, in der behauptete, die Polizei habe ihn am Tatort angehalten, aber dann wieder gehen lassen. Dem Brief legte er ein Rezept für eine Bombe bei.

Am 20. Dezember des gleichen Jahres erhielt der berühmte Anwalt Melvin Belli einen anonymen Brief, indem der Absender ihn um Hilfe bat, da er sonst wieder töten würde. „Bitte hilf mir, ich kann mich nicht mehr länger selbst kontrollieren."

Modesto Gebiet, 22. März 1970

An einem Sonntag im späten März 1970 setzte die 22-jährige Kathleen Johns ihre Tochter in ihr Auto und fuhr aus San Bernardino, Kalifornien, zu ihrer kranken Mutter, die im Norden des Bundesstaates wohnte. Kathleen war im siebten Monat schwanger. Als sie auf den Highway 132 abbog, fuhr plötzlich ein Auto neben sie und der Fahrer gestikulierte ihr, sie solle rechts ranfahren. Auf dem Standstreifen erklärte der Fahrer, eines ihrer Rückräder sei lose. Der Mann tat so, als würde er das Rad wieder befestigen, doch als

Kathleen weiterfahren wollte, fiel das Rad gänzlich ab. Der Mann bot ihr daraufhin an, sie zur nächsten Tankstelle mitzunehmen, doch als sie mit ihrer Tochter in seinem Auto saß wurde schnell klar, dass er ganz andere Absichten hatte. Als er anfing, ihr Kind zu bedrohen, packte Kathleen ihre Tochter und sprang aus dem Wagen. Auf der Polizeistation identifizierte sie den Zodiac Killer anhand einer Phantomzeichnung. Zodiac selbst erwähnte Monate später in einem Brief eine „interessante Begegnung mit einer Mutter und ihrem Baby".

Briefe zu den Taten

Von April bis Juli 1970 gingen fünf Briefe bei der San Francisco Chronicle ein. Darunter lange und überwiegend codierte Nachrichten, Bombendiagramme und eine Karte der San Francisco Bay Area .Seinen letzten Brief verfasste der ominöse Zodiac im Jahre 1978 in dem er drohte, dass er wieder präsent sei,aber man hörte nie wieder von dem Zodiac-Killer.

https://www.history.de/news/detail/der-zodiac-killer-ein-ueberblick.html Aufruf 05/2025V

So soll der berüchtigte Zodiac-Killer nach Zeugenaussagen ausgesehen haben

Aufnahme:Gemeinfrei

Das Symbol, das der Zodiac-Killer benutzte

Aufnahme:Gemeinfrei

Lake Berryessa, Tatort des dritten bekannten Angriffs des Zodiac-

Killers
Aufnahme:Gemeinfrei

Die Wirkorte des Zodiac in Kalifornien

Die vom Zodiac-Killer beschriftete Tür von Bryan Hartnells Auto,
1969 Aufnahme:Gemeinfrei

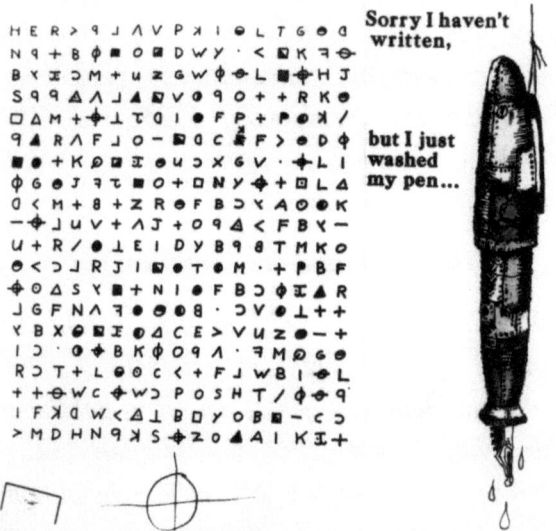

Einer der merkwürdigen kryptischen Botschaften von Zodiac

Der Cleveland-Torso-Mörder,

auch als Mad Butcher of Kingsbury Run bekannt, war ein unidentifiziert gebliebener Serienmörder, dem von 1935 bis 1938 mindestens zwölf Morde in Cleveland zugeschrieben werden.

Die Taten und die Ermittlungen

1935 fand man eine entstellte Leiche auf einem Wiesengebiet in Cleveland. Vom Leichnam war nur der Torso übrig geblieben, der Kopf und die Gliedmaßen waren abgeschnitten worden. Als weitere Leichname gefunden wurden, erhielt der Mörder von der Presse den Namen „Cleveland Torso Murderer" oder auch „Torso-Killer". Die Öffentlichkeit verlangte die Aufklärung dieser grausamen Mordserie. Den Fall übertrug man dem damaligen Direktor für öffentliche Sicherheit, Eliot Ness, der Bekanntheit durch seine Bemühungen, den Gangsterboss Al Capone zu Fall zu bringen, erlangt hatte.

Die Opfer des Cleveland-Torso-Mörders waren Männer und Frauen aus der Unterschicht. Die Opfer wurden enthauptet und die Gliedmaßen abgeschnitten. Mögliche Motive des Killers waren Sadismus oder Hass auf Personen. Obwohl Eliot Ness und die Polizei die Spuren des Cleveland-Torso-Mörders verfolgten, gelang es ihnen nicht, den Täter zu fassen. Die Mordserie endete im Jahre 1938, trotzdem wurden die Ermittlungen fortgesetzt. 1942 zog sich Eliot Ness von seinem Posten zurück, der Misserfolg soll einer der Gründe für seinen Rücktritt gewesen sein.

Opfer

Die meisten Forscher gehen von zwölf Opfern aus, obwohl einige sogar zwanzig oder vierzig gezählt haben. Es gibt Hinweise darauf, dass es sich dabei um eine Frau mit dem Spitznamen „Lady of the Lake" handeln könnte. Es gab ein zweites Opfer namens Robert Robertson, das 1950 ebenfalls als

Opfer des Torso-Mörders galt, da ihm ebenfalls auf ähnliche Weise wie den bestätigten Opfern der Kopf abgeschlagen wurde. Nur drei Opfer wurden eindeutig identifiziert; die anderen zehn waren sechs John Does und vier Jane Does.

Edward Andrassy

Der 29-jährige Edward Anthony Andrassy wurde am 23. September 1935 in einer Schlucht am Fuße des Jackass Hill entdeckt, wo die East 49th Street in eine Sackgasse in den Kingsbury Run mündet. Andrassys Kopf wurde neben dem Rest seines Körpers begraben entdeckt, der entmannt war und nur noch Socken trug. Im Autopsiebericht heißt es, dass Andrassy im mittleren Halsbereich enthauptet wurde und einen Bruch der mittleren Halswirbel erlitt. Der Gerichtsmediziner stellte außerdem fest, dass er Seilbrandwunden an seinen Handgelenken hatte. Die Todesursache war Enthauptung; Blutung und Schock. Er war seit zwei bis drei

Tagen tot. Andrassy war einst Pfleger in der psychiatrischen Abteilung des Cleveland City Hospital. Zum Zeitpunkt seines Todes war er jedoch arbeitslos und verfügte über keinerlei sichtbare finanzielle Unterstützung.

John Doe I[1]

Die enthaupteten Überreste eines anderen weißen Mannes wurden ebenfalls im Unkraut am Fuße der East 49th Street und der Praha Avenue neben Andrassy gefunden. Es gibt Hinweise darauf, dass der Körper des nicht identifizierten Opfers mit Öl gesättigt war und nach seinem Tod in Brand gesteckt wurde, wodurch die Haut rötlich und ledrig wurde. Es sah auch so aus, als ob die Körperbehaarung des Opfers entweder rasiert oder abgebrannt worden wäre. Der unbekannte Mann wurde als John Doe I bekannt.

---

1   Im forensischen Bereich pseudonamentliche Bezeichnung für unbekannte Leichen. John oder Jane Doe

Florence Polillo

Florence Genevieve Polillo, 44 Jahre alt, wurde in der East 20th Street 2315 bis 2325 in Cleveland entdeckt. Florence wurde zerstückelt aufgefunden und war in Papier eingewickelt und in Halbscheffelkörbe gepackt worden, aber ihr Kopf wurde nie entdeckt. Im Autopsiebericht wurde als Todesursache eine aufgeschlitzte Kehle angegeben. Aufgrund des Fehlens des Kopfes konnte der Gerichtsmediziner ihren Tod nicht endgültig als Mord einstufen.

John Doe II (Der tätowierte Mann)

Der enthauptete Oberkörper eines unbekannten Mannes wurde am 5. Juni 1936 zwischen den Gleisen New York Central und Nickel Plate Road neben einem alten Güterschuppen vor dem Polizeigebäude der Nickel Plate Road gefunden. Sein Kopf wurde in der Nähe der Gleise des Shaker Heights Rapid Transit gefunden. Der Körper des Opfers war nackt, aber unverstümmelt und wurde nur etwa fünfzehnhundert Fuß vom Kopf entfernt gefunden. Es gab kein Blut auf dem Boden, was darauf hindeutete, dass er woanders getötet worden war. Ein Eisenbahner sagte aus, dass der Kopf um 15:00 Uhr nicht in der Nähe gewesen sei. An diesem Tag beschrieb ein Augenzeuge, wie er gegen 23:00 Uhr einen neuen Cadillac in der Nähe des Tatorts sah, noch in derselben Nacht. Die physischen Beweise für die Enthauptung lassen darauf schließen, dass sie zu Lebzeiten des Opfers durchgeführt wurde, und im Autopsiebericht heißt es, dass dem Körper Blut entzogen wurde. Der Kopf war zwischen dem ersten und zweiten Halswirbel abgeschnitten worden. Es gab keine Hinweise auf Drogen oder Alkohol im Körper des Opfers und nichts deutete darauf hin, dass er vor seiner Tötung gefoltert oder gefesselt worden war.

John Doe III

Am 22. Juli 1936 wurden die stark verwesten, enthaupteten Überreste eines weißen Mannes in der Nähe eines Obdachlosenlagers im Stadtteil Big Creek in Brooklyn, westlich von Cleveland, gefunden. Dies war das einzige bekannte West-Side-Opfer des Torso-Mörders. Die Polizei führte eine gründliche Durchsuchung der Gegend durch und fand den Kopf des Mannes, der zu diesem Zeitpunkt noch ein Schädel war. In der Nähe wurde billig hergestellte, blutbefleckte Kleidung gefunden. Ein Pathologe entdeckte eine große Menge getrocknetes Blut, das in den Boden unter dem Körper des Mannes eingesickert war, was darauf hindeutet, dass er an dieser Stelle getötet wurde. Zum ersten Mal hatte sich der Mörder weit weg von Kingsbury Run gewagt, und anstatt das Opfer zu transportieren, hatte er es an dem Ort getötet, an dem er entdeckt wurde. Die langen Haare, die schlechte Kleidung und die Lage des Opfers in der Nähe eines Obdachlosenlagers ließen darauf schließen, dass es sich um einen der vielen Landstreicher handelte, die auf den nahegelegenen Eisenbahnschienen in Cleveland ein- und ausfuhren. Der fortgeschrittene Verfall des Körpers machte es jedoch unmöglich, Fingerabdrücke zu erhalten, und der Kopf wäre zu diesem Zeitpunkt bereits zerfallen und nicht mehr wiederzuerkennen. Recherchen in Vermisstenanzeigen blieben erfolglos.

John Doe IV

Ein Obdachloser entdeckte zwei Hälften eines männlichen Oberkörpers und Unterschenkels, die in einem stehenden Teich in der Nähe der East 37th Street schwammen, während er auf einen Güterzug in Richtung Osten wartete. Der Rumpf wurde entfernt und in die Leichenhalle gebracht, wo der Gerichtsmediziner feststellte, dass die Leiche zwischen dem dritten und vierten Halswirbel sowie zwischen dem dritten und vierten Lendenwirbel abgetrennt worden war. Es

125

wurde eine Suche nach dem Rest der Leiche durchgeführt. Die Polizei fand einen schmutzigen Filzhut mit der Aufschrift „Laudy's Smart Shop, Bellevue, Ohio", der offenbar Blutflecken auf der Oberseite aufwies. Am Ufer des Baches, wo die Leiche gefunden wurde, wurde in Zeitungspapier gewickelt ein blaues Arbeitshemd gefunden, das mit Blut bedeckt war. Ein Feuerwehrmann hat das Wasser im Bach ausgebaggert, um weitere Körperteile zu lokalisieren. Der Kopf wurde nie gefunden und der Körper auch nicht identifiziert. Die Nieren und der Magen des Opfers wurden entfernt, ebenso wie seine Genitalien. Der Gerichtsmediziner gab als wahrscheinliche Todesursache Enthauptung an.

Jane Doe I

Am 23. Februar 1937 wurde der obere Teil eines nicht identifizierten weiblichen Opfers am Euclid Beach in der 156. Straße angespült gefunden. Die Beine, Arme und der Kopf wurden nie gefunden, wahrscheinlich weil sie weniger Auftrieb hatten als der Rumpf und möglicherweise auf den Grund des Sees sanken. Drei Monate später wurde die untere Hälfte des Rumpfes in der East 30th Street an Land gespült. Die oberen Extremitäten waren auf Höhe der Fossa glenoidalis, besser bekannt als Schultergelenkpfanne, exartikuliert. Auch der Hals und der Kopf waren zwischen dem siebten Halswirbel und dem ersten Brustwirbel abgetrennt. An der Hautoberfläche waren mehrere Zögermesserspuren vorhanden. In beiden Pleurahöhlen befanden sich erhebliche Mengen Wasser und Kies. Die wahrscheinliche Todesursache konnte anhand der Akte des Gerichtsmediziners offiziell nicht ermittelt werden.

Jane Doe II

Das achte Opfer wurde am 6. Juni 1937 unter der Lorain-Carnegie-Brücke gefunden. In einem verrotteten Leinensack lag zusammen mit einer Zeitung vom Juni 1936 das Teilskelett einer Frau, die seit etwa einem Jahr tot war. Der Körper war enthauptet und es fehlte eine Rippe. Sie wurde vorläufig als die 40-jährige Prostituierte Rose Wallace identifiziert, die aus derselben Bar verschwunden war, in der Polillo war, was jedoch nicht bestätigt werden konnte. Es war bekannt, dass Wallace zehn Monate zuvor, am 21. August 1936, verschwunden war, während das Opfer schätzungsweise seit einem Jahr tot war, als es gefunden wurde.

John Doe V

Am 6. Juli 1937 wurden der obere Teil des Oberkörpers eines Mannes, der in einen Leinensack für Hühnerfutter gewickelt war, sowie seine beiden Oberschenkel schwimmend im Cuyahoga River in den Cleveland Flats direkt unterhalb des Kingsbury Run entdeckt. Der Kopf sowie die inneren Organe in der Bauchhöhle und im Herzen wurden nie gefunden.

Jane Doe III

Am 8. April 1938 wurde im Cuyahoga River in den Cleveland Flats das Bein einer Frau gefunden. Einen Monat später, am 2. Mai, zwei Leinensäcke mit dem nackten halbierten Oberkörper einer Frau; Im Fluss östlich der West 3rd Street Bridge wurden Oberschenkel und Füße schwimmend entdeckt. Ihr Kopf und ihre Arme wurden nie gefunden. Sie war das einzige Opfer, das Morphium in ihrem Körper hatte, geschätzte 0,002 g pro 100 g Probe.

Jane Doe IV und John Doe VI

Am 16. August 1938 wurde auf einer Mülldeponie am Ende der East Ninth Street in Columbus, Ohio, eine zerstückelte Leiche von Männern gefunden, die nach Metallschrott suchten. Der Körper einer Frau war in Lumpen, braunes Papier und Pappe gehüllt. Untypischerweise wurden Kopf und Hände zusammen mit dem Rest des Körpers gefunden. Der Kopf des Opfers war auf Höhe der dritten Bandscheibe abgetrennt worden.

129

Am selben Tag wurde die Leiche von John Doe VI an einem nahegelegenen Ort am Seeufer von Cleveland entdeckt, gut sichtbar für das Büro des Sicherheitsdirektors Eliot Ness im Rathaus. Ähnlich wie bei den anderen Opfern wurde der Kopf vom Körper abgetrennt und das Opfer bleibt unbekannt. Der Kopf war auf Höhe der dritten Bandscheibe abgetrennt und wies Messerspuren auf dem Rücken des zweiten und dritten Halswirbels auf. Auch die Extremitäten aller Hauptgelenke waren disartikuliert. Der Gerichtsmediziner entschied, dass die Todesursache ungeklärt sei, stellte jedoch fest, dass es sich wahrscheinlich um Tötungsdelikte handele.

Mögliche Opfer

Dame vom See

Die untere Hälfte des Oberkörpers einer Frau, an der die Oberschenkel noch befestigt, aber an den Knien amputiert waren, wurde am 5. September 1934 am Ufer des Eriesees östlich von Bratenahl angespült. Bei einer anschließenden Suche wurden nur wenige andere Körperteile gefunden. Der Kopf wurde nie gefunden. Sie erhielt den Spitznamen „Lady of the Lake". Sie hatte eine Bauchnarbe von einer wahrscheinlichen Hysterektomie, die häufig vorkam und es schwieriger machte, sie zu identifizieren. Nachdem sie gefunden wurde, berichteten mehrere Personen, sie hätten Körperteile im Wasser gesehen, darunter auch eine Gruppe von Fischern, die glaubten, einen Kopf gesehen zu haben. Die Frau wurde praktisch an der gleichen Stelle wie Jane Doe I gefunden. Auf der Haut beider Opfer befand sich eine Chemikalie, bei der es sich vermutlich um Kalkchlorid handelte. Es wird vermutet, dass der Mörder einen beschleunigenden Kalk verwenden wollte, um die Leichen schneller zu zersetzen, aber fälschlicherweise stattdessen Kalk verwendete, der die Leichen konservieren würde.

Robert Robertson

Am 22. Juli 1950 wurde der 41-jährige Robert Robertson in der Davenport Avenue 2138 in Cleveland entdeckt. Die Polizei ging davon aus, dass er seit sechs bis acht Wochen tot war und offensichtlich absichtlich enthauptet worden war, was dem Profil der anderen Opfer entsprach. Robertson war von seiner Familie entfremdet, hatte eine Verhaftungsgeschichte und war ein Alkoholiker am Rande der Gesellschaft. Trotz weit verbreiteter Zeitungsberichterstattung, die seinen Tod mit dem Torso-Mörder in Verbindung brachte, betrachteten die Ermittler ihn als isoliertes Verbrechen.

Andere möglicherweise damit verbundene Morde

Zwischen 1921 und 1942 wurden neun Menschen, acht davon unbekannt, tot und zerstückelt in Sümpfen oder in der Nähe von Bahnhöfen in der Nähe von Pittsburgh, Pennsylvania, aufgefunden. Es wurde vermutet, dass die sogenannten „Murder

Swamp Killings" weitere Opfer des Torso-Mörders sind. Die fast identischen Ähnlichkeiten zwischen den Opfern von Pittsburgh und denjenigen in Cleveland, die beide direkt durch eine Eisenbahnlinie der Baltimore and Ohio Railroad verbunden waren, reichten aus, um den Cleveland-Ermittler Peter Merylo davon zu überzeugen, dass die Morde in Pittsburgh miteinander in Zusammenhang standen.

Der kopflose Körper eines unbekannten Mannes wurde am 1. Juli 1936 in einem Güterwagen in New Castle, Pennsylvania, gefunden. Am 3. Mai 1940 wurden drei kopflose Opfer in Güterwaggons in der Nähe von McKees Rocks gefunden. Alle trugen ähnliche Verletzungen auf wie der Torso-Mörder. Zwischen 1921 und 1934 sowie zwischen 1939 und 1942 wurden auch in den Sümpfen in der Nähe von New Castle zerstückelte Leichen gefunden.

Mögliche Verbindung zum Mord an Black Dahlia

Im Dezember 1938 schickte der Torso-Mörder angeblich einen Brief an Ness, in dem er behauptete, er sei nach Kalifornien gezogen, habe dort eine Frau getötet und den Kopf in Los Angeles begraben. In dem Brief bezeichnete sich der Mörder als „DC" oder Doktor der Chiropraktik. Bei einer Untersuchung wurden Tierknochen entdeckt.

Ein Jahrzehnt später führte dieses „Geständnis" dazu, dass die Behörden die Möglichkeit in Betracht zogen, dass der Torso-Mörder eine Verbindung zum Fall Black Dahlia hatte, in dem die halbierten Überreste der 22-jährigen Elizabeth Short in der unvollendeten Wohnsiedlung Leimert Park in Los Angeles am 15. Januar 1947 gefunden wurden.

Sowohl das Short- als auch das Torso-Mörder-Opfer waren nach dem Tod gründlich gereinigt worden, und es wurde angenommen, dass in beiden Fällen ein Metzgermesser verwendet wurde. Allerdings wurde Short nicht enthauptet, ebenso wenig wie eine Unterschrift für die Cleveland-Opfer. Darüber hinaus ereignete sich der Mord fast ein Jahrzehnt nach Erhalt des Briefes. Abgesehen von Indizienbeweisen und reinen Spekulationen gibt es nichts, was Short mit dem Torso-Mörder verbindet.

The Doodler

(de.: Der Kritzler) bezeichneten Presse und Polizei den nicht ermittelten Täter einer Mordserie in SAls The Doodler de.:(Der Kritzler) bezeichneten Presse und Polizei den nicht ermittelten Täter einer Mordserie in San Francisco Mitte der 1970er Jahre. Mit insgesamt 14 Todesopfern handelt es sich bis heute um einen der zahlenmäßig bedeutendsten ungelösten Serienmorde.

Die Verbrechen

Die Verbrechen begannen im Januar 1974 mit dem Mord an einer Drag Queen aus dem Wohn- und Geschäftsviertel Tenderloin, die erstochen und brutal verstümmelt in einer Wohnung aufgefunden wurde. Die Ermittlungen ergaben, dass sie zuvor in Begleitung eines jungen weißen dunkelblonden Mannes in einer Bar gesehen worden war. Im Laufe der nächsten Monate starben vier weitere Travestiekünstler auf die gleiche Art und Weise, weshalb die Polizei zunächst von einem Täter mit explizitem Hass auf Transvestiten ausging. Die Polizeiarbeit wurde unter anderem dadurch erschwert, dass alle Opfer mit sehr häufig wechselnden Partnern verkehrten; daher war es nahezu unmöglich, festzustellen, wer sie vor ihrem Tod zuletzt gesehen hatte. Anfang 1975 lagen der Polizei kaum noch verwertbare Hinweise vor, denen man hätte nachgehen können. Zudem sahen sich die Polizisten im Frühjahr mit einer neuen Mordserie konfrontiert: Sechs homosexuelle Mitglieder der sadomasochistischen Szene (darunter der prominente Anwalt George Gilbert verschwanden aus entsprechenden Bars und Clubs. Auch sie wurden erstochen, verstümmelt und aufgeschlitzt – jedoch war der Grad der Verstümmelungen nicht so hoch wie bei den Drag Queens. Beide Mordserien erfuhren in den Medien kaum Aufmerksamkeit. Lediglich über den Tod Gilberts, der in seiner Wohnung in einem noblen Hochhaus getötet worden war, berichtete die Presse etwas ausführlicher. Vertreter der Lesben- und Schwulenbewegung warfen der Polizei daraufhin Untätigkeit vor und forderten die gleiche Ermittlungssorgfalt ein, die bei heterosexuellen Mordopfern an den Tag gelegt werde. Anfang Herbst 1975 kam es zum

Schlussakt der Verbrechen, als sechs Geschäftsleute der Mittelklasse aus Bars in The Castro verschwanden; drei von ihnen wurden auf die gleiche Weise mit Messerstichen ermordet, die anderen drei überlebten schwer verletzt. Nach intensiveren Ermittlungen stellte sich heraus, dass auch diese Männer – anders als zunächst angenommen – homosexuell und in der Szene bekannt waren. Die Überlebenden berichteten übereinstimmend, der Täter habe sich mit dem Angebot, sie zu zeichnen, ihr Vertrauen erschlichen. Auf Grund dessen erhielt der Mörder auch seinen heute gebräuchlichen Namen. Nach dem Vollzug des Geschlechtsverkehrs sei es dann jeweils zu den gewaltsamen Übergriffen gekommen. Diese Opfergruppe war wohlhabend und gesellschaftlich hoch geschätzt, weswegen diese Taten nun erstmals umfangreicher in den Medien thematisiert wurden. Die Polizei ging davon aus, dass der Täter möglicherweise aus Scham über unterdrückte eigene homosexuelle Gefühle gehandelt haben könnte. Im September endeten die Morde.
Weitere Ermittlungen

Auf Grund der Heterogenität der Opferwahl in den drei Gruppen gingen die Behörden lange Zeit davon aus, drei unterschiedliche Mörder zu jagen. Erst allmählich, als die Hinweise und Verdächtigen mehr und mehr eingegrenzt werden konnten, stellte man fest, dass es sich um einen einzigen Serienmörder handeln musste. Leiter der nun gebündelten Untersuchungen war Inspector Rotea Gilford (1927–1998), der erste afroamerikanische Ermittler für Tötungsdelikte des San Francisco Police Department. Im Verlauf des Jahres 1976 konzentrierte sich der Verdacht schließlich auf einen laut Behörden geisteskranken Mann, der bereits mehrfach wegen Sexualdelikten in Therapie gewesen war. Er wurde mehrmalig verhört und sagte bereitwillig aus. Der Verdächtige machte dabei wiederholt Andeutungen bezüglich der Morde und schien teilweise bewusst mit den Beamten zu spielen, bestritt jedoch stets jede Verwicklung in die Verbrechen. Die drei überlebenden Opfer – unter ihnen laut Polizei ein „berühmter Entertainer" sowie ein Diplomat weigerten sich derweil in mehreren Befragungen, ihren Angreifer zu identifizieren, da sie befürchteten, mit einem damit

139

verbundenen Coming-out berufliche Perspektiven und gesellschaftliche Achtung einzubüßen. Daher gaben am 7. Juli 1977 die Ermittlungsbeamten frustriert bekannt, dass ein namentlich nicht genannter Verdächtiger mit den Angriffen in Verbindung gebracht werde, eine Anklage ohne die Kooperation seitens der Überlebenden allerdings unmöglich sei. Dies ist bis heute der Status quo.

Die Münsterlandmorde bzw.
Anhalterinnenmorde

bezeichnen eine Mordserie im Münsterland und in der Grafschaft Bentheim im Grenzgebiet zwischen Nordrhein-Westfalen und Niedersachsen, der in den Jahren 1971 bis 1974 vier Frauen zum Opfer fielen. Alle Frauen waren um die 20 Jahre alt, klein, zierlich und dunkelhaarig und waren zum Zeitpunkt ihres Verschwindens in ein fremdes Auto eingestiegen. Die Morde erfolgten durch Erwürgen, ohne weitere sichtbare Spuren sexueller Gewalt, die Leichen wurden bewusst entblößt und in unnatürlicher Haltung inszeniert niedergelegt. Allen Frauen wurden Gegenstände gestohlen, die nur in einem Fall weit entfernt und teilweise halbverbrannt wiedergefunden wurden. Der Serienmörder wurde in den Medien als Münsterlandmörder oder Anhalterinnenmörder bezeichnet. Er wurde bis heute nicht gefasst.

Opfer

Die Opfer kamen aus den unterschiedlichsten sozialen Schichten und kannten einander nicht. Sie wurden vermutlich direkt nach der Entführung erwürgt. Auffindeort war nicht der Tatort.

Edeltraud van Boxel († 21. November 1971)

Das erste Opfer Edeltraud van Boxel (23) war sehr klein (1,47 m), dunkelhaarig und im 7. Monat schwanger. An dem Abend ihres Verschwindens war sie mit einem hellen Mantel und Kniestrümpfen bekleidet und hatte eine schwarze Handtasche und einen roten Regenschirm bei sich.

Tathergang

Trotz ihrer schon weit fortgeschrittenen Schwangerschaft arbeitete sie auf dem Straßenstrich in der Industriestraße in Münster nahe der damaligen WCG-Tankstelle. Sie stieg laut Aussage ihrer Kolleginnen am Sonntag, 21. November 1971 etwa um 20:30

Uhr in einen weißen VW-Käfer mit „großer Heckscheibe" ein. Als Kennzeichen konnten sie sich später noch an ein „F" und eine „8" erinnern. Das Auto parkte etwas abseits und fuhr nach 20 Minuten plötzlich mit hoher Geschwindigkeit davon, ohne van Boxel wieder zurückzubringen. Am Entführungsort blieb van Boxels roter Regenschirm zurück. Auf der Bundesstraße 54 zwischen Nienberge und Altenberge wurden Zeugen gegen 21:15 Uhr von einem VW-Käfer in sehr hohem Tempo überholt und sahen eine leblose Frau auf dem Beifahrersitz Richtung Fenster kippen.

Auffindesituation

Gegen 23:40 Uhr wurde ihr Leichnam von einem heimkehrenden Landwirt bei einem Feldweg in der damaligen Bauerschaft Sellen gefunden. Sie wurde vom Täter teils entkleidet und auf den schwangeren Bauch gelegt. An ihrem Fußgelenk fanden sich Brandabdrücke einer damaligen VW-typischen Heizung, die untermauerten, dass sie von dem beobachteten Entführer in einem nicht-bewussten Zustand dort hinverbracht wurde. Sie wurde erwürgt, aber hatte sonst keine Spuren sexueller Gewalt an sich. Am Mantel war ein Knopf abgerissen, ihre schwarze Handtasche war verschwunden. Beide Gegenstände wurden nie gefunden.

Barbara Storm († vor dem 17. Mai 1972)

Barbara Storm (20), eine Büglerin aus Schüttorf, galt als lebenslustiges Mädchen und bewegte sich gerne per Autostopp vorwärts. Sie war 1,68 m groß. Ihre Haare trug sie schwarz mit Pony im „Cleopatra-Stil". Am Abend ihres Verschwindens trug sie einen grünen Hosenanzug, darüber eine rote Knautschlacklederjacke, eine weinrote Handtasche aus Skai mit einem langen Riemen, gelbe Söckchen und hellbraune Wildlederschuhe.

Tathergang

Storm traf nach einer ausgedehnten Disco-Tour, die auch durch die damals beliebte Discothek Tenne in Rheine führte, auf den Täter. Sie hatte ihr Haus in Schüttorf am Samstag, dem 13. Mai 1972, gegen 19:30 Uhr verlassen und fuhr zunächst unbehelligt per Autostopp nach Rheine, wo sie alsbald in der Disco gesehen wurde. Sie verließ das Lokal mit einem Besucher, bei dem sie vermutlich übernachtete, der aber augenscheinlich unverdächtig war, denn am Sonntagabend, dem 14. Mai, wurde sie wieder in der Disco gesehen. Am Montag, dem 15. Mai, kam sie nicht zur Arbeit. Zeugen wollten sie in Schüttorf in Begleitung eines 20- bis 30-jährigen Mannes gesehen haben, der etwa 1,75 bis 1,80 m groß war, schlank und Gesichtsnarben (eventuell Aknenarben) gehabt haben soll, waren sich aber nicht sicher, ob es am Montag, oder doch am Dienstag, dem 16. Mai, gewesen war. Eindeutig nachweisbar war, dass ihre Bank am Montagnachmittag einen Anruf von einer Frau bekam, die behauptete, Barbara Storm zu sein und in Erfahrung zu bringen versuchte, ob ihr Gehalt schon auf ihrem Konto eingegangen sei. Ihr konnte aber nichts mitgeteilt werden, da sie die Kontonummer nicht nennen konnte und die zuständige Sachbearbeiterin schon heimgegangen war. Am Abend des Montags wurde Storm wieder in der Tenne gesehen. Zeugen beschrieben, wie sie in der Disco mit einem jungen Mann ins Gespräch kam, der ca. 1,80 bis 1,90 m groß war und kurze dunkelblonde Haare hatte. Mit ihm verließ sie um ca. 22:30 Uhr die Tenne. Danach verliert sich ihre Spur.

Auffindesituation

Am Mittwoch, dem 17. Mai 1972 wurde Storm in einem Feld an einem damals unbefestigten Abzweig der L 579 in einem Wäldchen nahe Schöppingen gefunden, auf dem Rücken liegend, in kreuzförmiger Haltung, ihre Genitalien entblößt.[Sie war erwürgt worden, *hatte sich augenscheinlich davor aber heftig gewehrt. So wies ihr Kopf Platzwunden und Prellungen auf, eine am Hinterhaupt, eine Vergewaltigung fand nicht statt. Die L 579 verbindet Schöppingen und Gronau, von Rheine aus gab es 1972 aber auch schon eine relativ direkte Straßenverbindung über Neuenkirchen, Wettringen und Metelen nach Schöppingen (heute Teil der Bundesstraße 70). Der genaue Tatort ist unbekannt. Der Fundort war bekannt als Treffpunkt von Liebespaaren; laut Aussage des Finders, eines Forstwirts, hatte die Leiche am Dienstag noch nicht dagelegen, da an dem Tag eine Bocksjagd stattgefunden habe, bei der er anwesend war. Laut der Polizei musste sie mit einem Kfz zum Ort verbracht worden sein. Wie bei van Boxel waren persönliche Gegenstände verschwunden. Ihr linker Schuh, ihre Jacke, ihre Handtasche[und ein weißrotes Kosmetiktäschchen wurden nie gefunden.*

Marlies Hemmers († nach dem 6. August 1973)

Marlies Hemmers (18) war eine Schülerin aus Nordhorn. Wie die anderen Opfer war auch sie klein und zierlich und hatte dunkelblonde schulterlange Haare.

Tathergang

Marlies Hemmers wollte zusammen mit ihrem Freund Peter, der bis Wien weiterreisen wollte, am Montag, dem 6. August 1973, per Anhalter von Nordhorn zur Kunsthalle nach Düsseldorf fahren. Sie starteten sehr früh am Morgen und waren um 7 Uhr morgens an der „Franzosenschlucht" bei Bad Bentheim angekommen. Als die beiden feststellten, dass sie wegen ihres Gepäcks einzeln bessere Chancen haben würden, mitgenommen zu werden, trampten sie getrennt weiter. Der Freund wurde als erster mitgenommen, allerdings nur bis zum Ortsausgang von Ochtrup an der B54. Als er dort wieder Autostopp machte, sah er um 7:45 Uhr, wie ein seiner Aussage nach „ausländisches" dunkelgrünes oder schwarzes Auto mit einem schwarzen Kennzeichen an ihm vorbeifuhr. Auf dem Beifahrersitz saß seine Freundin, die weder auf seine Rufe noch sein Winken reagierte. Er schilderte später der Polizei, dass der Fahrer beschleunigte, als er ihn sah und beschrieb ihn als „älter". Der Rücksitz soll mit Dingen vollgestopft gewesen sein. Peter trampte zunächst weiter bis nach Düsseldorf. An der Kunsthalle angekommen, wartete er sechs Stunden, dann stellte er Vermisstenanzeige.

Auffindesituation

Marlies Hemmers wurde fast ein halbes Jahr später, am 22. Dezember, in einem Waldstück am Merfelder Bruch gefunden, das der Wildpferdebahn gegenüberliegt. Ihre Leiche war vollkommen skelettiert, so dass die Feststellung einer genauen Todesursache oder möglicher sexueller Gewalt nicht mehr möglich war. Als Todeszeitpunkt wurde der

Entführungstag angenommen. Anders als bei den anderen Opfern hatte der Täter sich hier augenscheinlich viel Mühe gemacht, die Tote sorgfältig zu verstecken, denn er musste sowohl den Körper als auch das schwere Gepäck weit ins Gelände tragen, da es nicht möglich war, von der L 600, die das Gelände durchquert, mit dem Auto an den Fundort zu gelangen. Etwa 300 m weit von ihr entfernt wurde in einem Graben ihr Gepäck gefunden, bis auf ihre Handtasche mit ihrem Herbergsausweis. Diese waren wie bei den anderen Opfern verschwunden und wurden ebenfalls nie gefunden.

Erika Kunze († nach dem 29. Oktober 1974)

Erika Kunze (22) war eine Studentin der Universität Münster. Sie war zierlich, mit langen dunklen Haaren und galt als zuverlässig und misstrauisch, so stieg sie nie in Autos mit ortsfremden Kennzeichen ein.

Tathergang

Am Dienstag, dem 29. Oktober 1974, plante Kunze am frühen Nachmittag nach einer erfolgreich absolvierten Prüfung per Autostopp nach Hause zu ihrer Mutter fahren. Als sie dort zur verabredeten Zeit nicht ankam, verständigte die Mutter die Polizei. Am Abend desselben Tages hatte ein Autofahrer nahe dem Samerott, einem unwegsamen Waldstück in der Nähe Burgsteinfurts, das die ehemalige germanische Richtstätte Rabenbaum umschließt, ein merkwürdiges Erlebnis. Er erzählte später der Polizei, wie er nach Sonnenuntergang hinter einer dunkelgrauen Limousine mit „Heckflügeln" (die als Mercedes gedeutet wird) mit Kennzeichen „BF" herfuhr, deren Fahrer augenscheinlich eine Einfahrt in das Waldstück suchte, um dann in einen Feldweg einzubiegen, der in das Samerott hineinführte, neben ihm eine leblos wirkende Frau auf dem Beifahrersitz.

Auffindesituation

Kunze wurde erst nach einer knappen Woche von einem Bauern gefunden. Die Verwesung des Körpers war schon fortgeschritten, so dass der Tathergang nur gemutmaßt werden konnte. Es stand aber außer Frage, dass auch für diesen Mord wieder der Münsterlandmörder verantwortlich war.

Kunze war wie alle vorherigen Opfer erwürgt worden und halb entblößt drapiert. Teile ihrer Habseligkeiten fehlten, wie eine geblümte Tasche mit Büchern aus der Bibliothek. Diese wurden durch Zufall viele Wochen später, zusammen mit einer Herrenjacke, halb verbrannt in der Nähe der Haddorfer Seen gefunden.

Täter

Der Täter wurde beschrieben als „relativ groß" (1,80 m–1,90 m), mittel- bis dunkelblond, kurze Haare mit einem „unauffälligen" Haarschnitt und

Mittelscheitel. Das Alter rangierte von Anfang 20 bis „älter". Nach dem zweiten Mord wurde von der Kriminalpolizei mittels eines Zeichners ein Phantombild angefertigt.Er hatte Zugang zu unterschiedlichen Autos deutscher und nicht-deutscher Herkunft und kannte sich sehr gut in der Metropolregion Münster und Münsterland mit ihren Hauptstraßen und Nebenwegen aus.

Profil

Obwohl keine sexuellen Handlungen nachweisbar waren, nimmt die Polizei bis heute an, dass die Taten sexuell motiviert waren und der Täter durch das Töten alleine in Erregungszustand kam, daher werden sie als Sexualmorde eingestuft. Eine nähere Eingrenzung der Herkunft und Person erweist sich als schwer. Durch seine Mobilität und seinen Zugang zu unterschiedlichen Fahrzeugen deutscher und nicht-deutscher Herkunft wurde in Betracht gezogen, dass der Täter vielleicht Handlungsreisender gewesen

*sein könnte, nach den Berichten von Hemmers'
Freund über den vollgepackten Rücksitz
vielleicht für die Textilwirtschaft.*

Tatfahrzeuge und Kennzeichen

*Der Täter benutzte bei seinen Taten Autos, von
denen drei unterschiedliche von Zeugen
gesehen wurden. Zwei der
Kraftfahrzeugkennzeichen waren weiß
(deutsch), eines schwarz bzw. dunkelgrün
(Herkunft ungeklärt), eines dunkel (vmtl.
dunkelgrau):*

1. *Im Fall van Boxel 1971 fuhr er einen
   hellen VW-Käfer mit „großer
   Heckscheibe" und einem deutschen
   Kennzeichen mit einem „F" und einer
   „8".*
2. *Das Tatfahrzeug im Falle Barbara
   Storm 1972 ist unbekannt, die
   Kriminalpolizei geht aber davon aus,
   dass sie mit einem Kfz zum Tatort
   verbracht wurde*

3. Im Fall Marlies Hemmers 1973 fuhr er ein dunkles oder dunkelgrünes ausländisches Fahrzeug mit einem schwarzen Autokennzeichen. In der Darstellung von Aktenzeichen XY ... ungelöst wurde das Auto als Citroën DS Pallas und das Kennzeichen als französisch interpretiert.

4. Erika Kunze wurde 1974 in einer „grauen Limousine mit Flossenheck" gesehen (in den Medien als „Mercedes" wiedergegeben). Das Autokennzeichen war deutsch mit einem „BF".

Ermittlungen der Polizei

Aufgrund der über den zwei Bundesländern Nordrhein-Westfalen und Niedersachsen verstreuten Herkunfts-, Entführungs- und Fundorten (drei der vier Frauen stammten aus der Grafschaft Bentheim, Edeltraud van Boxel als einzige aus Münster) teilte sich die Zuständigkeit zwischen den Polizeidienststellen Münster mit der gleichnamigen Staatsanwaltschaft und Nordhorn (heute Lingen) mit der Staatsanwaltschaft Osnabrück auf.

1970er Jahre

Für Münster war Kriminalkommissar Wills, für Nordhorn waren Kriminalkommissar Alois Krone und Erster Kriminalhauptkommissar Johann Goldenstein zuständig.

Nach dem ersten Mordfall an Edeltraud van Boxel 1971 wurde anhand der Beschreibungen der Prostituierten ein Fahndungsaufruf veröffentlicht, der aber keinen Erfolg brachte. In dieser Zeit gab es in der näheren Umgebung nur zwei Landkreise, die ein „F" in ihrem Kennzeichen nutzten, Burgsteinfurt mit BF und Kreis Warendorf mit WAF. Die Polizei überprüfte in einer großangelegten Aktion alle in Frage kommenden VW mit einem entsprechenden Kennzeichen, ohne Erfolg.

Nach dem Mord an Barbara Storm 1972 wurde anhand der zusätzlichen Beschreibungen der Zeugen ein Phantombild erstellt und eine Belohnung von 5000 DM ausgelobt. Fahndungsplakate wurden aufgehängt, wieder ohne Erfolg.

Bei der Überprüfung möglicher verdächtiger Mercedes ergab sich eine Verdächtigenliste mit 308 Fahrzeugen, deren Besitzer aber anders als bei den vorherigen VW nie persönlich aufgesucht, sondern nur angeschrieben und bis heute nicht überprüft wurden.

1990er Jahre

In den 1990ern wurde unter dem Fingernagel von Barbara Storm DNS gefunden, die aber bis heute keinem bekannten Täter zugeordnet werden konnte.

Wiederaufnahme des Cold Case 2015

Im Jahr 2015 wurden die Fälle als Cold Case sowohl in Münster als auch im heute zuständigen Lingen wieder neu aufgerollt. Spuren wurden neu sortiert, ausgewertet und überprüft und infolgedessen das Grab eines mittlerweile verstorbenen Verdächtigen geöffnet. Es ergab sich jedoch keine Übereinstimmung mit vorhandenen DNS-Spuren.

Zusammenhänge mit anderen Mordserien

Nach dem abrupten Abreißen der Mordserie im Münsterland wurde versucht, diese mit anderen Mordserien in Zusammenhang zu bringen.

Rhein-Neckar-Morde

Im Jahre 1975 begann eine Serie von ebenfalls bis heute ungeklärten Frauenmorden im Rhein-Neckar-Gebiet (auch bekannt als „Heidelberg-Morde"). Gemeinsam hatten sie mit den Münsterlandmorden, dass die Opfer alle jung und hauptsächlich Anhalterinnen waren. Auch hier wurden der oder die Täter nie gefunden. Es wurde gemutmaßt, dass der Mörder eventuell ein Student gewesen sein könnte, der von der Universität in Münster nach Heidelberg gewechselt war, oder ein stationierter Soldat, der verlegt worden war. Abweichend davon war aber auch, dass die Opfer alle blond waren, sichtbare Spuren sexueller Gewalt an sich trugen und verschiedenartig zu Tode kamen, auch warf der Münsterlandmörder seine Opfer nie in Gewässer.

Cuxhaven-Bremen-Morde

Von 1977 bis 1979 begann eine weitere Mordserie in Cuxhaven („Disco-Morde"), die sich in den 1980er in Bremen fortsetzte („Todesdreieck von Bremen"). Es wurde ebenfalls erfolglos versucht, einen Zusammenhang mit vorherigen Mordserien herzustellen. Einige der Fälle konnten später anderen Mördern wie Egidius Schiffer zugeordnet werden.

Göhrde-Morde

Schließlich wurde noch versucht, einen Zusammenhang mit den Göhrde-Morden und dem als mutmaßlichen Serienmörder identifizierten Kurt-Werner Wichmann herzustellen, ebenfalls ohne Erfolg.

Rezeption in den Medien

Die Münsterlandmorde verursachten in den 1970er Jahren ein für damalige Verhältnisse großes Presseecho in Printmedien und TV; so wurden die Fälle in der Fernsehsendung Aktenzeichen XY... ungelöst in den Sendungen vom 11. April 1975 und vom 9. Mai 1975 *vorgestellt Danach ebbte das überregionale Interesse ab. Regional geriet die Mordserie aber nie in Vergessenheit und flammte immer wieder in Beiträgen in Presse, Radio oder TV auf, meist um eine Verbindung zu anderen spektakulären Mordserien herzustellen. Seit der Wiederaufnahme der Fälle 2015 als Cold Case wurde die Mordserie wieder verstärkt in regionalen und überregionalen Medien rezipiert. Ebenfalls 2018 verarbeitete die Krimiautorin Birgit Hedemann das Thema in der Kurzgeschichte Münsterlandmörder als Teil einer Kurzgeschichtensammlung. 2020 verfilmte der Regisseur Detlef Muckel die Mordserie als Kinodokumentation unter dem Titel Akte 916 – Der Münsterlandmörder*

„Highway of Tears":

Die ermordeten und vermissten Frauen des Highway 16 (seit 1970)

Der „Highway of Tears" ist ein besonders dunkles Kapitel in der Geschichte Kanadas. Seit 1970 sind auf dem 725 Kilometer langen Abschnitt des Highway 16 zwischen Prince George und Prince Rupert mehr als 40 Frauen verschwunden, viele von ihnen Ureinwohnerinnen. Trotz der Bemühungen der Royal Canadian Mounted Police unter dem Namen „Project E-Pana" bleiben viele dieser Fälle ungelöst. Die Abgeschiedenheit der Region und soziale Probleme wie Armut und Drogenmissbrauch erschweren die Ermittlungen. Im Zusammenhang mit dem „Highway of Tears" wurden bisher mehrere Personen verurteilt. Unter den Angeklagten befinden sich drei Serienmörder: Brian Peter Arp, Edward Dennis Isaac und Cody Legebokoff. In den noch offenen Fällen wird weiter geprüft, ob diese oder andere Serientäter für die Verbrechen verantwortlich sein könnten. Noch im Oktober 2023 sorgte der Fall der vermissten und später tot aufgefundenen Chelsey Amanda Quaw für Schlagzeilen in der Region.

https://www.ksta.de/panorama/die-11-bekanntesten-serienmoerder-die-nie-gefasst-wurden-2-840476 Aufruf 05/2025

Monster von Florenz

(Mostro di Firenze) ist die von den italienischen Medien geprägte Bezeichnung für einen oder mehrere Täter, die für eine spektakuläre Serie von acht Doppelmorden in der Provinz Florenz (heute Metropolitanstadt Florenz) zwischen 1968 und 1985 verantwortlich gemacht werden. Die Opfer wurden in ihren Fahrzeugen erschossen oder erstochen und die Geschlechtsorgane der weiblichen Opfer verstümmelt. Die Taten zählen zu den aufsehenerregendsten der italienischen Kriminalgeschichte.

Als Hauptverdächtiger der Serienmorde galt Pietro Pacciani (* 7. Januar 1925; † 22. Februar 1998 in Mercatale in Val di Pesa). Er wurde für schuldig befunden, jedoch nach einem Berufungsverfahren freigesprochen. Der Oberste Gerichtshof Italiens annullierte den umstrittenen Freispruch und forderte ein erneutes Verfahren, zu dem es jedoch nicht

163

kam, da Pacciani 1998 an einem Herzversagen verstarb. Ob er der Täter war und ob er Komplizen oder sogar Auftraggeber hatte, konnte bis heute nicht zweifelsfrei geklärt werden.

Mordserie

Am Abend des 21. August 1968 werden die 32-jährige Barbara Locci und ihr 29-jähriger Liebhaber Antonio Lo Bianco in der Nähe von Lastra a Signa in ihrem weißen Alfa Romeo Giulietta erschossen. Den kleinen Sohn von Locci bringt der Doppelmörder zu einem nahe gelegenen Bauernhof, dessen Besitzer den Jungen entdeckt und die Polizei verständigt. Ob diese Tat tatsächlich vom Monster von Florenz begangen wurde, ist umstritten; es wurde jedoch dieselbe Waffe verwendet wie bei den späteren Morden.

Am 14. September 1974 findet ein Passant die Körper der 18-jährigen Stefania Pettini und des 19-jährigen Pasquale Gentilcore in einem Fiat 127 in der Nähe von Borgo San Lorenzo. Beide sind erschossen worden. Der Körper von Pettini wies außerdem 96 Stichwunden *auf, fast ausschließlich im Scham- und Brustbereich.*

Am 6. Juni 1981 findet ein Polizist die Leichen der erschossenen 21-jährigen Carmela De Nuccio und des 30-jährigen Giovanni Foggi in einem roten Fiat Ritmo in der Nähe von Scandicci. Der Mörder schnitt De Nuccios Scham heraus, „mit einem sehr scharfen Gegenstand und nahezu perfekt", wie es ein Pathologe beschreibt.

Am 23. Oktober 1981 tötet der Mörder die 24-jährige Susanna Cambi und ihren 26-jährigen Freund Stefano Baldi in ihrem Volkswagen Golf bei Calenzano. Sie wurden durch die Frontscheibe durch mehrere Schüsse getroffen und waren noch am Leben, als der Täter mehrmals auf sie einstach. Auch Cambis Schambereich wurde verstümmelt.

Am 19. Juni 1982 werden der 22-jährige Paolo Mainardi und seine 20-jährige Freundin Antonella Migliorini in ihrem Fiat 147 bei Montespertoli erschossen.

Am 9. September 1983 erschießt der Täter die beiden Deutschen Horst Wilhelm Meyer (24) und Jens-Uwe Rüsch (24) in ihrem Volkswagen T1 Bus in Galluzzo, einem südlichen Stadtbezirk von Florenz. Vermutlich

165

hielt der Mörder Rüsch wegen seines langen blonden Haares für eine Frau. Die Polizei mutmaßte zunächst, dass Meyer und Rüsch ein homosexuelles Paar gewesen seien, aber diese Theorie wurde nie bestätigt.

Am 29. Juli 1984 werden die erschossenen und mit Stichwunden versehenen Körper des 21-jährigen Claudio Stefanacci und seiner 18-jährigen Freundin Pia Rontini in einem Fiat Panda in der Nähe von Vicchio im Mugello gefunden. Rontinis Schambereich war verstümmelt und ihre linke Brust abgetrennt worden. Am 8. September 1985 wird bei San Casciano das französische Liebespaar Jean Michel Kraveichvili (25) und Nadine Mauriot (36) erschossen. Mauriots Körper war zudem mit einem Messer verstümmelt worden.

Bei den Verbrechen wurde stets dieselbe Tatwaffe verwendet, nämlich eine Beretta Kaliber 22.

Aufklärung

Innerhalb der nächsten acht Jahre befragten die Ermittler mehr als 100.000 Personen, um einen Anhaltspunkt oder eine Spur zu finden. 1985 schickte der Täter Beweisstücke an

Staatsanwälte und verhöhnte sie wegen ihrer Unfähigkeit. Innenminister Oscar Luigi Scalfaro setzte eine Belohnung von 500 Millionen Lire (etwa 250.000 Euro, nicht inflationsbereinigt) aus. Eine erste heiße Spur für die Polizei war ein Hinweis aus der Bevölkerung auf einen alten Mordfall von 1968; wie sich herausstellte, war die damals verwendete Waffe dieselbe (siehe oben). Allerdings konnte der verurteilte und geständige Täter, Loccis Ehemann Stefano Mele, die späteren Morde nicht begangen haben, da er zu dieser Zeit teils noch im Gefängnis saß und sich teils in einer Art betreutem (und überwachtem) Wohnen befand. Vieles deutet darauf hin, dass Mele die Tat nicht allein begangen hatte (so etwa die Tatsache, dass er den üblichen Treffpunkt seiner Frau mit ihren Liebhabern gar nicht kannte und kein Auto hatte, um dorthin zu kommen) und die Brüder Giovanni, Salvatore und Francesco Vinci an der Tat beteiligt waren, die jeweils Affären mit Locci hatten.

Der Journalist Mario Spezi nimmt an, dass Salvatore Vinci die Mordwaffe mitgenommen und versteckt hatte und dass sie ihm bei einem Einbruch im Frühling 1974 entwendet wurde, den sein Sohn Antonio Vinci beging. Der Schlüssel, so Spezi, sei die Waffe; wer sie finde, finde auch den Täter. Im Laufe der Ermittlungen wurden Francesco und Antonio Vinci, aber auch Mitglieder der Familie Mele inhaftiert. Aufgrund der sardischen Herkunft aller Beteiligten wurde dieser Ermittlungsansatz „la pista Sarda", die sardinische Spur, genannt. Anfang der 1990er Jahre geriet der 68-jährige Bauer Pietro Pacciani ins Blickfeld der Ermittler. Er hatte bereits 1951 einen durchreisenden Geschäftsmann niedergestochen und zu Tode getreten, um ihn anschließend zu berauben. Nachdem er 13 Jahre im Gefängnis verbracht hatte, heiratete er und gründete eine Familie. Zwischen 1987 und 1991 wurde er erneut inhaftiert, nachdem er seine Frau geschlagen und seine beiden kleinen Töchter sexuell belästigt hatte. Auch sollte er zu einer geheimen Gruppe gehören, der auch die Männer Mario Vanni, Giovanni Faggi und Giancarlo Lotti angehörten, die angeblich schwarze Messen abgehalten und weibliche Körperteile geopfert hatten. Bei der Durchsuchung seiner Wohnung fand die Polizei neben pornografischen Zeichnungen auch Zeitungsartikel über die Pärchenmorde sowie ein angeblich von Pacciani gemaltes Bild, das die Polizei für „satanistisch" hielt, und eine passende Patronenhülse. 1992 denunzierten ihn verschiedene anonyme Hinweisgeber. Pietro Pacciani wurde am 16. Januar 1993 verhaftet und am 1. November 1994 in Florenz zu 14-mal lebenslanger Haft verurteilt. Er ging in Berufung und wurde am 13. Februar 1996 überraschend freigesprochen. Grund des Freispruchs waren vor allem erhebliche Zweifel an der Einzeltätertheorie und zahlreiche ungeklärte Indizien, die auf bisher unbekannte Mit- oder Haupttäter hinwiesen. Der Oberste

Gerichtshof annullierte den Freispruch am 12. Dezember und ordnete eine neue Verhandlung an, zu der es jedoch nicht mehr kam, da Pietro Pacciani am 22. Februar 1998 tot in seiner Wohnung aufgefunden wurde. Die Umstände seines Todes blieben ungeklärt. Michele Giuttari, der 1995 die Leitung der Mordkommission von Florenz übernahm und später verschiedene Bücher über die Mordserie veröffentlichte, behauptet bis heute, dass mehrfach wichtige Daten unterschlagen wurden und der Täter die Morde auf Befehl von Auftraggebern ausführte, die bis heute auf freiem Fuß seien. Insbesondere bei der Ermittlung rund um eine mögliche Beteiligung des Arztes Francesco Narducci, der wenige Wochen nach dem letzten Mord tot aus dem Trasimenischen See geborgen worden war, sei er, Giuttari, von Vorgesetzten und der Justiz behindert worden. 2004 wurde zum dritten Mal die Wohnung des Apothekers Calamandrei aus San Casciano durchsucht, der bereits 1988 nach einer Beschuldigung

durch seine ehemalige Ehefrau, die eine
Beretta im Kühlschrank gesehen haben wollte,
in den Verdacht der Ermittler geraten war.
1991 hatte sie ihre Beschuldigungen in einem
ausführlichen Schriftsatz wiederholt. Die
Ermittlungen waren damals eingestellt
worden. Bei der neuerlichen Durchsuchung
beschlagnahmte die Polizei Unterlagen und
Videokassetten, die der ermittelnde
Kommissar für relevantes Beweismaterial
hielt. Calamandrei wurde beschuldigt,
Auftraggeber der Mordserie zu sein, um an die
Leichenteile der ermordeten Frauen für
„satanische Messen" zu kommen. 2007 kam
es zu einer ersten Gerichtsverhandlung, 2008
wurde Calamandrei von einem Florentiner
Gericht freigesprochen. Im Zusammenhang
mit den Fahndungen kam es zu drei
Selbstmorden und sieben weiteren Morden.
Mögliche Spuren am Tatort waren durch
Fahrlässigkeit der Polizei nicht gesichert oder
verdorben worden; Akten verschwanden, die
Justiz und die rivalisierenden Polizeiorgane

lähmten sich gegenseitig. In der Bevölkerung hält sich beharrlich das Gerücht, dass einflussreiche Hintermänner von Teilen der Justiz geschützt wurden.

"Die Kopf-Fantasien waren ein wenig wie eine Trophäe. Sie wissen ja, der Kopf ist der Teil, an dem sich alles befindet - das Gehirn, die Augen, der Mund. Es ist die Person. Ich erinnere mich, wie mir als Kind gesagt wurde, dass der Körper ohne den Kopf stirbt. Der Körper wäre nichts ohne den Kopf. Nun ja, das stimmt nicht ganz. Ohne den Kopf bleibt immer noch eine Menge im Körper des Mädchens übrig."

Die **Leichenfunde von Hannover**

sind ein ungelöster Kriminalfall der deutschen Kriminalgeschichte. In den 1970er Jahren wurden in Hannover und Umgebung[Leichenteile von mindestens vier Frauen und zwei Männern gefunden. Keine dieser Personen konnte identifiziert werden. Der bis heute ungeklärte Kriminalfall wurde von der Presse dem „Sägemörder von Hannover" zugeschrieben. Die „Soko Torso" der hannoverschen Polizei unter der Leitung von Kommissar Günter Nowatius war damals mit den Ermittlungen betraut.

Leichenfunde

In den Jahren 1975 bis 1977 wurden insgesamt 13 Leichenteile gefunden, darunter ein abgetrennter Unterarm am Kraftwerk, ein Unterkörper im Stadtwald und ein Torso an einem Feldweg.

- *Am 26. September 1975 wurde am Wasserkraftwerk Schneller Graben, Nähe Maschsee, die erste Leiche der Serie[gefunden. Der Rumpf einer*

173

jungen Frau wurde von einem Arbeiter aufgefunden. Die Brüste der Toten waren abgetrennt und der Unterleib ausgeräumt. Die Leiche musste etwa 10 bis 14 Tage im Wasser gelegen haben. Die Frau war ca. 23 bis 25 Jahre alt und 155 Zentimeter groß. Sie hatte eine Narbe im Bauchbereich und hatte mindestens ein Kind ausgetragen. Die Leiche war mit einer auffallenden Dekorationskordel zusammengeschnürt worden. Die Sonderkommission bezeichnete den Fund als Torso vermutlich mit einer Säge (Kreis- oder Bandsäge oder einem Scharfen Löffel waren Arme und Beine der Frau abgetrennt worden. Trotz Fingerabdrücken konnte das Opfer nicht identifiziert werden.

- *Im Zeitraum vom 21. bis zum 28. Februar 1976 wurden zwei Oberkörperhälften und ein Bein einer ca. 25-jährigen und ca. 170 Zentimeter großen Frau gefunden. Der Todeszeitpunkt musste zwei bis drei Wochen vor Auffinden der Leichenteile eingetreten sein. Die beiden Thoraxhälften wurden zwischen parkenden Autos am hannoverschen Funkhaus entdeckt. Das Bein fanden Schülerinnen einer Mädchenschule in der Bonner Straße in einem Müllcontainer. Andere Leichenteile schwammen in der Leine am Rudolf-von-Bennigsen-Ufer oder wurden in der Nähe des Maschsees gefunden.*

- *In der Zeit vom 28. Mai bis zum 11. Juni 1977 wurden am Wasserkraftwerk Schneller Graben jeweils an Wochenenden sechs Leichenteile eines jungen Mannes gefunden. Das Opfer war schätzungsweise 17 bis 18 Jahre alt und 170 Zentimeter groß. Am Oberkörper trug es die Tätowierung eines Eisernen Kreuzes.*

175

- *Am 5. Juni 1977 wurde, wieder am Wasserkraftwerk „Am schnellen Graben", der Arm eines etwa 50-jährigen Mannes gefunden.*
- *Am 10. Juli 1977 wurde im Stadtpark Eilenriede von einer Spaziergängerin der Unterkörper einer Frau gefunden. Die Tote war mindestens 40 Jahre alt und ca. 150 bis 160 Zentimeter groß gewesen, hatte Schuhgröße 36, eine Blinddarmoperation gehabt, mindestens ein Kind ausgetragen und unter Arteriosklerose gelitten. Der Unterkörper war mit einer Maschinensäge abgetrennt worden. Die Funde von 1977 gaben nach Auffassung der Gerichtsmedizin Sicherheit darüber, dass diese Opfer mit Gewalt ums Leben gekommen sein mussten.*
- *Am 18. Dezember 1977 fand auf einem Feldweg bei Hannover der letzte Leichenfund der Serie statt. Der*

Oberkörper einer 50- bis 60-jährigen Frau, der in eine alte Baumwolldecke eingewickelt war, wies Würgemale am Hals auf, Arme und Beine waren abgetrennt. Die Frau war zwischen 160 und 170 Zentimetern groß gewesen und hatte ebenfalls eine Blinddarmoperation gehabt und mindestens ein Kind ausgetragen. Eine Autopsie ergab, dass ihr Tod durch Ersticken eintrat.

Ermittlungen

Zu dem gemeinsamen Muster aller Leichenfunde gehört, dass sich bei den meisten Opfern die Todesursache nicht bestimmen ließ. Sie waren bei der Entdeckung erst kurze Zeit tot und wurden mit einer Säge zerteilt. Der Verbleib der Restkörper blieb unbekannt. Die Leichenteile wurden immer an einem Samstag an auffälligen Orten abgelegt, so dass sie mit hoher Wahrscheinlichkeit von Spaziergängern gefunden werden konnten.

Laut Kriminalhauptkommissar Günter Nowatius waren die Ermittlungsarbeiten durch die Tatsachen, dass die Polizei „keinen Tatort, keine Tatzeit, keinen Täter und keine Identität der Opfer" hatte und die elf einzelnen Leichenteile erst einmal anatomisch den sechs Opfern zugeordnet werden mussten, erschwert worden. Nach Ansicht der Soko „Torso" musste der Täter nicht einmal über profunde anatomische Kenntnisse verfügt haben, die Schnitte, mit denen die Gelenke durchtrennt worden waren, hätten auch von einem Metzger durchgeführt werden können. Auffallend sei, dass der Täter keinerlei Bestrebungen habe, die Leichenteile seiner Opfer zu verbergen, sondern sie sogar mit einer gewissen „exhibitionistischen Tendenz" im Umkreis von zwei Kilometern um den stadtnahen Maschsee deponiert habe, in dessen Nähe sich auch das Polizeipräsidium Hannover befindet.

Das größte Hindernis der Ermittlungsarbeiten stellte die Tatsache dar, dass die Identität keines der Opfer ermittelt werden konnte. Nach Auffassung von Nowatius hätte der Täter andernfalls „kaum noch eine Chance, unentdeckt zu bleiben", gehabt. Die Täter-Opfer-Beziehungen blieben weiterhin eine unbekannte Größe. Nachforschungen in Leichenschauhäusern, Befragungen von Bestattern und der systematische Abgleich von Vermisstenmeldungen brachten keinerlei Spur. Es wurde keine Person vermisst, zu der die Körperteile gepasst hätten. Ein mögliches Motiv könnte die Absicht sein, die Einwohner Hannovers in Angst und Panik zu versetzen. Der Kriminalist Stephan Harbort vermutete, dass es sich bei dieser Person um einen „hochpathologischen" Täter handelte. Die Polizei nahm an, dass der Täter wochentags einer Beschäftigung nachging und die Leichen in der Zwischenzeit kühl lagern musste, um sie dann am Wochenende mit einem PKW zu transportieren und an auffälligen Plätzen mit möglichst viel Publikumsverkehr zu drapieren. Der Fall erregte nach Ausstrahlung der

Sendung Aktenzeichen XY ... ungelöst ein sehr starkes Zuschauerinteresse und bewirkte eine hohe Beteiligung des Publikums. Der Umstand, dass die Serientat 1977 ihr abruptes Ende fand, könnte damit zu tun haben, dass der Täter seinen Wohnsitz wechselte, wegen eines anderen Deliktes eine Strafe in einer Justizvollzugsanstalt absitzen musste oder verstarb.

Ähnliche neuere Fälle

Über 20 Jahre später, im Jahr 1999, gewann der Fall wieder an Aktualität, als in Isenbüttel ein weiblicher Torso gefunden wurde. Dieser Leichenfund führte auf die Spur des ehemaligen Schlachterlehrlings Olaf Weinert aus Walkenried, welcher diesen Mord gestand. Beim Opfer des Mordes handelte sich um eine Rentnerin aus Celle, die von ihm getötet und zerstückelt worden war. Eine Verbindung zu den Leichenfunden aus den 1970er Jahren konnte jedoch nicht hergestellt werden. Im Herbst 2012 ereignete sich ein ähnlich gelagerter Fall, bei dem der Täter Alexander K. in der Presse als „Maschsee-Mörder] bezeichnet wurde. Auch hier wurde das Opfer zerstückelt. Die Polizei überführte den 25-jährigen Gewalttäter, der dann in die Psychiatrie eingewiesen wurde. Das Motiv, eine 44-jährige Prostituierte zu ermorden, war Mordlust gewesen.] Andrea B. war vermutlich ein Zufallsopfer gewesen.

181

Jack the Ripper

Wenn er wüßte, was er heute für eine Berühmtheit besitzt, würde er sich bestimmt zufrieden in seinem unbekannten Grabe herumdrehen und sich mächtig freuen, falls denn alles so geschehen ist, was man jenem **Jack the Ripper** *bis heute in die Schuhe schiebt. Denn ganz so „save", um es salopp auszudrücken, ist die Geschichte um den berüchtigten Mörder von London nämlich nicht. Die sogenannten fünf kanonischen Morde, also die Morde, die dem Ripper zugeschrieben wurden, sind allesamt geschehen. Angefangen vom zunächst kaum beachteten Mord an Polly Nichols Ende August 1888 in der Bucks Row bis zum grausamen Gemetzel an Mary Kelly im Millers Court 13 in Whitechapel im November. Doch schon bevor Jack the Ripper seinen „Autum of Terror", sein herbstliches Gemetzel begann, kam es vorher schon zu ähnlichen Morden im Londoner East-End und sollten auch nach dem angeblich letzten Mord im November 1888 weiterhin geschehen. Zwar gibt es einige Briefe die dem Ripper zugeordnet wurden und als authentisch gelten* doch warum wurde diese Korrespondenz überwiegend mit Tages-Zeitungen faktisch erst nach dem dritten Mord an Catherine Eddowes in der Berner Street aufgenommen? Warum nicht schon eher oder warum nicht später? War es tatsächlich nur ein Täter oder waren es doch mehrere? Es existieren vage Personenbeschreibungen von Augenzeugen, die den Ripper kurz vor den Taten gesehen haben wollen. Ein modernes Profiling bescheinigt dem Ripper eine Körpergröße von 170-180 cm, geformt von einer stämmigen Figur; mittleren Alters soll er gewesen sein.

Inwieweit die anatomischen Kenntnisse des Rippers vorhanden waren oder nicht, die Aussagen hierzu sind ebenfalls vage und widersprüchlich. Ich verweise auf die entsprechende Literatur. Wer oder was auch immer das Phänomen des Jack the Ripper hervorgerufen hat, tat dies nachhaltig. Aber bleiben wir bei diesem legendären-schaurigen Mythos und lassen den Geist von Jack the Ripper auch heute noch über Whitechapel schweben. Denn was wäre London und die Welt ohne ihren Jack the Ripper?

Aus: Mörderische Existenzen von Jörg Spitzer BoD, 2024

Nachfolgend nun wieder eine kleine Abhandlung über den Serienkiller an sich, bzw. seine Taten.

Es wird auch der Versuch unternommen, Serienmörder und ihre Intelligenz statistisch zu erfassen. Eine meines Erachtens nach unsinnige Zahlenspielerei, denn sehr viele Serienmörder werden erst gar nicht ermittelt und ihrer Strafe zugeführt und viele Serientötungen werden oftmals als solche erst gar nicht erkannt und demzufolge untersucht. Solange also hier auf diesem Gebiet solche Defizite vorherrschen sollten sich die entsprechenden Stellen mit ihren statistischen Spielereien doch etwas diskreter zurückhalten. Das kann kein seriöses und schon gar nicht kriminologisch fundiertes Wissen sein. Wenn sich schon die Kriminologie als wissenschaftlich betrachtet dann sollte sie auch die entsprechenden Standards anwenden, auch wenn diese generell in den Wissenschaften mit äußerster Vorsicht zu sehen sind. Denn Wissenschaft ist nicht immer kongruent mit dem was Wissenschaftler daraus machen und darunter verstehen. Dies lässt sich unschwer am zu erforschenden Objekt der Intelligenz feststellen.

Die sog. Intelligenztests, ein recht dubioses Verfahren zur Feststellung dessen ob Menschen in bestimmten Situationen „*richtig*" reagieren, ist an sich schon mit Zurückhaltung zur Kenntnis zu nehmen. Diese Testverfahren sind letztlich selber von Menschen konzipiert, entwickelt worden und somit fehlerhaft und fehlbar. Denn unter teils sehr sterilen und fast schon klinischen Bedingungen werden versucht singuläre Ressourcen eines Probanden zu eruieren, die unter anderen Bedingungen, nämlich unter realistischen, wesentlich anders ausfallen würden. Außerdem werden bei diesen Verfahren nicht die gesamtpersönlichen Strukturen und Veranlagungen eines Menschen mit einbezogen. Es werden künstliche Situationen und deren Ergebnisse (**Messergebnisse**) auf das reale Leben bezogen, was natürlich völliger Unfug ist und erst recht jeglicher Logik widerspricht. Doch nicht nur das! Obskurer weise gibt es bis zum heutigen Tage keine allgemeine verbindliche Definition dessen, was eigentlich Intelligenz darstellen soll. Natürlich aber kann solch eine Definition schlauerweise auch nicht getätigt werden, da ein Widerspruch den anderen erzeugen würde!

So zählt z. B. In der Psychologie oder auch in der Pädagogik die sogenannte *intrapersonale Fähigkeit* zu den Intelligenzmodellen, soll heißen, das ein Zugang zum *Selbst* vorliegt. Dieses Selbst wiederum wird als Gesamtheit der psychischen Vorgänge eines Menschen gewertet, sowohl bewusste als auch unbewusste. Somit ist das Selbst die eigene Person in der sie umgebenden Welt mit ihren Objekten. Da bis heute aber noch nicht geklärt ist, ob es überhaupt eine objektive, reale Welt mit realen Objekten gibt ist die Thematik so nicht mit wenigen Worten zu beantworten. Nach den bis dato vorliegenden Erkenntnissen und Interpretationen ist davon auszugehen, dass es keine real existierende Realität gibt sondern alles im phänomenalen Bereich der Bewusstseinsinhalte zu sehen ist.

Zuvor müsste dann aber die Psychologie als universitäres Lehr-und Forschungsfach nach den oben gemachten Ausführungen ihre akademischen Immobilien und Lokalitäten räumen; denn nach den Ausführungen ihrer Kollegen der Abteilung Neurowissenschaften sind wir nicht mehr komplexe Lebewesen in komplexen Situationen und Korrelationen die eben mal mehr oder weniger komplex reagieren und agieren, sondern wandelnde Neurochemische Baukästen, die wiederum weniger von ihrer Umwelt und Kultur abhängig sind sondern mehr von dem was sie zu sich nehmen.

Somit ist der Trendslogan „Du bist was Du isst", eine fundamentale Quintessenz dieser Hirnforschung. Denn danach wäre eine komplexe, differenzierte oder gar hochmolekulare Nahrung praktisch der Schlüsselweg zur Intelligenz, und gewiss nicht nur zu dieser. Ja alle psychischen Phänomene werden sozusagen göttliche Attribute annehmen und wir würden alle zu Genien ausreifen. Doch leider steht diese von mir gemachte Aussage in einem diametral-eklatanten Widerspruch zur Entwicklung der Menschheit bisher und ihrem Umgang mit sich selber als auch mit ihrer Umwelt. Denn da ist wenig bis keine Intelligenz auszumachen! Diese letzten Zeilen sind mehr als Satire aufzufassen; es wäre für uns alle ein Segen wenn die Neurowissenschaften dies so formuliert hätten. Aber leider nicht. Und leider nicht sind die anderen gemachten scheinbaren Resultate große Erkenntnisse; Erbsenzählerei und Augenwischerei treffen hier eher zu, um das Ganze einmal salopp auszudrücken.

Naiv wie die Wissenschaft nun mal ist, will man von bestimmten substantiellen Defekten oder Dysfunktionalitäten des Gehirns und seiner Anatomie auf das mögliche Verhalten schließen. Freudig reiben sich Wissenschaftler die Hände und jubilieren nun ein Verfahren zu besitzen, das möglicherweise schon im Vorfeld einen gefährlichen Soziopathen oder eben einen sadistischen Serienkiller prognostizieren kann.

„Mich dünkt, ich hör ein ganzes Chor von hunderttausend Narren sprechen",

so möchte ich dieses Zitat aus Goethes Faust nehmen und postulieren, das wissenschaftliche Erkenntnisse und Theorien zum Thema Serienmord mit äußerster Vorsicht zu sehen sind!

Aber jetzt erst mal wieder zum Hauptthema, jenen Menschen die die schlimmsten Taten verübt haben, die ein Mensch einem anderen Menschen antun kann.

Vielleicht ist es aber auch einfach nur diese immer angeführte Faszination am Grauen oder des Bösen, am grausamen Handeln von Menschen an Menschen unter dem Aspekt den wir als Serienmord bezeichnen. Jenes Töten von drei oder mehr Menschen innerhalb bestimmter Zeiträume, grob definiert.

Serienmord: Ein Begriff den der damalige Berliner Kriminalbeamte Ernst Gennat im Fall des sogenannten Vampir von Düsseldorf, Peter Kürten, einführte.

Aber was ist eigentlich so faszinierend an diesem Thema allgemein? Was soll diese *fesselnde Begeisterung* für teils unvorstellbar grausame, rohe und brutale Handlungen sein, so eine Definition von Faszinierend. Was soll daran fesselnd sein und auch noch mit Begeisterung zur Kenntnis genommen werden?

Aber nicht doch, Ich bin nicht von diesen Taten fesselnd begeistert, mich interessieren doch nur ausschließlich die Menschen, die dieses Grauen generieren; so dürfte sich eine der lapidaren Argumentationen anhören.

Also, warum haben Sie ausgerechnet ein Interesse an Menschen, abgesehen vom christlich-humanistischen Hintergrund, die anderen Menschen den Kopf abschneiden, dutzende Male auf sie einstechen, schlagen oder schießen, zerfleischen oder gar kannibalistischen Tendenzen fröhnen?

Ach ja, ich vergaß, Sie meinen natürlich die Umstände und Bedingungen, also den Grund, warum jemand so etwas vornimmt.

Aber warum sollte Sie dann ein Grund begeistern? Das ist doch unsinnig und unlogisch, so könnte sich eine Konklusion darstellen. Denn nach einem eigentlich kurzen beschäftigen mit der Materie werden Sie sehr schnell feststellen, dass es keine generellen Ursachen für den Serienmord sprich Serienmörder gibt. *Wie bereits erwähnt:*

Die Forschung auf diesem Gebiet hat längst schon resigniert, hält sich mit geschönten Statistiken und getunten Profiling-Methoden so gerade eben in der Diskussion, mögen auch noch so moderne und neue bildgebende Verfahren, ausgefeilte psychiatrische und psychologische Tests und andere Untersuchungsdesigns zum Einsatz kommen: nichts wird erklärt.

Dem ist leider so. Ich kann nichts anderes konstatieren.

Denn alles was Sie von wissenschaftlicher Seite zu hören bekommen oder lesen werden lautet: es ist möglich, wahrscheinlich, oder höchstwahrscheinlich, unter Umständen, eventuell, nur bedingt…usw. Semantische Floskeln und unverbindliche hypothetische Phrasen sind die Quintessenz der Ergebnisse zur Forschung auf dem Gebiet Serienmord.

„Aus dem verfehlten Versuch der Gesellschaftswissenschaften, die Methoden der Naturwissenschaften zu übernehmen und nachzuahmen, ist unserer Menschenwürde großer Schaden entstanden. Die quantitative Methode kaschiert Sozial- und Wertkonflikte so, als handle es sich um rein technische Fragen. *Objektivität bedeutet in menschlicher Hinsicht die Menschen gleichzuschalten und als passive Objekte ohne spezifische Persönlichkeit zu betrachten. Objektivität und Natürlichkeit entstehen durch Weglassen des objektiv Unwesentlichen. Was aber wesentlich und unwesentlich ist, ist kein objektiver Tatbestand, sondern kann nur in Hinsicht auf diesen oder jenen Zweck festgestellt werden. Die Zwecke, die sich Menschen setzen, sind immer subjektiv.* **Der Individualität eines Menschen werden keine allgemeinen Theorien gerecht.** *Wo ein Mensch als Individuum gefragt ist, hört alle Schulweisheit auf. In Bezug auf das Interesse eines Menschen gibt es die verschiedensten Entscheidungsgründe, die jedoch nicht objektiv und allgemeingültig bestimmt werden können".*

Laurent Verycken-Formen der Wirklichkeit. 1994

.

Nun aber wieder zurück zu unseren namenlosen, mit Maske fungierenden Serienkillern. Wie bereits erwähnt soll dieses Buch nicht einfach ein Nachschlagewerk oder eine plumpe Aufzählung von Verbrechen sein. Darum sind immer wieder Themenbezogene Kommentare und Äußerungen zu lesen die dem Phänomen des Serienmörders und der damit verbundenen auch äußerst subtilen Thematik geschuldet sind. Denn ob grausamer Mörder hin oder her; letztendlich haben wir es doch mit Menschen zu tun, die vielleicht etwas weniger Glück in ihrem Leben hatten.

Die West-Mesa-Morde
(auch West Mesa Bone Collector) sind eine ungeklärte Mordserie, die sich zwischen 2003 und 2005 in der Gegend von Albuquerque, im US-Bundesstaat New Mexico ereignet hat. Dem Fall werden bisher elf Mordopfer zugeordnet.

Opfer

Am 2. Februar 2009 entdeckte der Hund einer Spaziergängerin auf dem Gelände einer verlassenen Baustelle in der Wüstenregion West Mesa westlich von Albuquerque einen Oberschenkelknochen. In den folgenden Wochen und Monaten wurden auf einer Fläche von 30 Hektar die sterblichen Überreste von elf Frauen gefunden, die in der New Mexico Metropolitan Area ermordet worden sind:

- *Jamie, 15, Cousine von Evelyn*
- *Monica, 22*
- *Victoria, 26*
- *Doreen, 24*
- *Julie, 24*
- *Veronica, 28*
- *Evelyn, 27, Cousine von*

- *Virginia, 24*
- *Syllania, 15*
- *Cinnamon, 32*

Jamie
- *Michelle, 22, im vierten Monat schwanger[1]*

Zur Identifizierung eines der Opfer fertigte die Forensikerin Wendy Honeyfield mit Hilfe der Gesichtsknochen eine Gesichtsskizze an um diese mit vermissten Mädchen des National Center for Missing & Exploited Children, abzugleichen. Schließlich blieb Syllania, eine 14- oder 15-jährige Ausreißerin aus Lawton (Oklahoma) übrig, die anhand ihrer Zähne identifiziert wurde. Im Jahr 2010 wurde mittels DNA die letzte Unbekannte identifiziert. Sie hieß Jamie und wurde zuletzt mit ihrer Cousine Evelyn gesehen, die bereits zuvor unter den Opfern identifiziert worden war. Die Frauen kamen aus der Umgebung, bis auf Syllania, die aus Lawton (Oklahoma) stammte. Mit Ausnahme von Jamie handelte es sich um drogenabhängige Sexarbeiterinnen.

Die Ermittlungen

Der Vergleich von Satellitenbildern aus den Jahren 2003 bis 2005 mit Satellitenbildern, die nach den Ausgrabungen aufgenommen wurden, zeigte, dass in dem Wüstengelände Reifenspuren und Stellen zu erkennen waren, an denen Leichen vergraben worden waren. [Das Gebiet am westlichen Stadtrand von Albuquerque, in dem die Überreste ausgegraben wurden, sollte 2008 für die Erschließung von Wohngebieten genutzt werden, doch die Bauvorhaben wurden im Zuge des Immobilienskandals und der Wirtschaftskrise gestoppt. Die Ermittler halten aus ermittlungstaktischen Gründen Informationen darüber zurück, wie die Opfer getötet wurden. Im Laufe der Zeit fielen der Polizei mehrere Männer im Zusammenhang mit den Morden auf. Fred Reynolds war ein Zuhälter, der eine der vermissten Frauen kannte und Berichten zufolge Fotos von vermissten Sexarbeiterinnen hatte; Er starb im Januar 2009 eines natürlichen Todes.

Ein Verdächtiger lebte ungefähr zwei Meilen vom Fundort der Leichen entfernt. Er war zweimal wegen gewalttätiger Angriffe auf Sexarbeiterinnen verhaftet worden und hatte damit gedroht, seine Freundin zu töten und in Kalk zu begraben.

Auch Lorenzo Montoya wurde verdächtigt. Er hatte 1999 eine Sexarbeiterin gewürgt und vergewaltigt.[12] 2006 tötete er eine minderjährige Prostituierte und wurde vom Zuhälter des Opfers erschossen. Nach seinem Tod hörten die Morde in West Mesa auf. Bisher gibt es jedoch weder Zeugen, Fingerabdrücke noch eine DNA-Probe des Täters.

197

Der B1-Butcher

(Deutsch: B1-Metzger) ist ein unbekannter Serienmörder in Namibia. Dem B1-Butcher werden fünf Frauenmorde in den Jahren 2005 und 2007 zugeschrieben.

Vorgehen

Der B1-Butcher wurde nach den Mordopfern benannt, die in der Nähe der Nationalstraße B1 und mit Metzgerart zerlegt aufgefunden wurden.

2005 hatten sich entlang der B1 im Großraum Windhoek zwischen Rehoboth und Okahandja sich zwei ähnliche, ungeklärte Frauenmorde zugetragen.

Im Juni und Juli 2007 wurden in der Region Khomas entlang dieser Straße in Mülltüten verpackte, menschliche Körperteile gefunden, welche zwei verschiedenen Frauen zugeordnet werden konnten. Diese Morde wurden ebenfalls dem „B1-Butcher" zugeschrieben.

Im September 2007 wurden Körperteile einer weiteren Frau nahe Grootfontein in der Region Otjozondjupa gefunden. Laut Polizei ist dies ein Indiz dafür, dass der B1-Butcher auch zu dieser Region einen Bezug haben könnte.

Opfer

Bei den fünf Opfern, die dem Butcher B1 zugeordnet wurden, handelte es sich um junge Frauen. Drei Mordopfer konnten identifiziert werden. Es sind Juanita (21 Jahre, ermordet 2005), Melanie (22 Jahre, ermordet 2005) und Sanna (36 Jahre, ermordet 2007). Zwei weitere 2007 getöteten Frauen konnten bis heute nicht identifiziert werden.

Die Opfer waren farbige Namibierinnen. Die drei identifizierten Opfer sprachen fließend Afrikaans, Damara, oder beide Sprachen. Bei allen Opfern gibt es Hinweise, dass die abgetrennten Körperteile gekühlt worden waren. Der B1-Butcher brachte seine Opfer *aber offenbar auf unterschiedliche Art und Weisen zu Tode: Während z. B. Melanie offensichtlich erdrosselt wurde, wurde im Fall von Juanita angenommen, dass sie durch die Einwirkung eines stumpfen Gegenstandes auf den Kopf zu Tode kam. Aufgrund von Zeugenaussagen wurden Melanie und Sanna der Prostitutionsszene der Hauptstadt Windhoek zugeordnet und kannten sich angeblich.*

Ermittlungen

Im Oktober 2007 entsandte Südafrika drei Kriminalbeamte um die namibischen Behörden bei den Ermittlungen zu unterstützen. Dennoch konnten die Morde nicht geklärt werden.

2007 wurde ein deutschstämmiger Namibier der Vergewaltigung beschuldigt, festgenommen und später in Verbindung zu diesen ungeklärten Morden gebracht. Jedoch wurde er nach längerer Untersuchungshaft aus Mangel an Beweisen freigesprochen.

Der ehemals in Rehoboth ansässige Namibier Hans H. war 2004 nach 15 Jahren Haft wegen zweifachen Mordes aus dem Gefängnis entlassen worden. Er wurde von der Polizei und der Öffentlichkeit zunehmend mit den Morden des B1-Butcher-Morden in Verbindung gebracht und beging deshalb im Juni 2008 Selbstmord. Seine DNA soll mit den Morden an Juanita (2005) und Sanna in Verbindung gebracht worden sein. Nach dem Selbstmord von H. räumte die namibische Polizei ein, dass Hans H. nicht zweifelsfrei mit der Mordserie in Verbindung gebracht werden könne und die B1-Morde auch von mehreren Tätern begangen worden sein könnten.

Nachwirkung

Im Juli 2007 riefen Frauen aus Windhoek, Rehoboth und Tsumis in einem gemeinschaftlichen Schreiben den B1-Butcher *dazu auf, die noch vermissten Körperteile der Mordopfer für anständige Beerdigungen herauszugeben und sich der Polizei zu stellen. Zuletzt im November 2014 hatte die Polizei mitgeteilt, dass man weiter nach dem B1-Butcher suche.*

Der Fall des B1-Butcher hat den namibischen Filmemacher Tim Hübschle für seinen Film LAND of the BRAVEfilm im Jahr 2019 inspiriert.

*Seit dreißig Jahren versuche ich nachzuweisen, daß es keine Kriminellen gibt,
sondern normale Menschen, die kriminell werden.*
-
(Georges Simenon 1903-1989 Belgischer Schriftsteller)

Australiens in Angst vor Serienkiller: 60 Frauen ermordet oder verschwunden

60 Frauen in 32 Jahren getötet : Mordet ein Serienkiller an Australiens Ostküste? Es sind 60 Frauen, von denen niemand weiß, wer sie ermordet hat. 60 Leben, die wohl gewaltsam genommen wurden. 60-mal Familien, Partner und Freunde, die nicht wissen, wer ihren Liebsten das angetan hat. Und irgendwo da draußen läuft wahrscheinlich ein Serienkiller noch immer frei herum. Zwischen 1977 und 2009 wurden in Australien zwischen den Küstenstädten Newcastle und Byron Bay (Bundesstaat New South Wales) Dutzende Frauen ermordet – oder sind bis heute verschwunden. Wie der australische „Daily Telegraph" berichtet, vermutet die Polizei, dass es die Taten eines Serienkillers sind. Rätselhafte Fälle, *schlampige Ermittlungen.*

„Etwaige Zusammenhänge zwischen den Fällen wurden möglicherweise übersehen", sagt der ehemalige stellvertretende Polizeipräsident von New South Wales, Mick Willing: „Viele von diesen Fällen liegen einfach in der Datenbank und wurden nie wieder angeschaut."

Nur wenige Monate später – im Dezember 1978 verschwand Leanne Goodall (20). Ihr Bruder hatte sie an einem Bahnhof in Newcastle abgesetzt – danach verlor sich ihre Spur. Es sind 60 Frauen, von denen niemand weiß, wer sie ermordet hat. 60 Leben, die wohl gewaltsam genommen wurden. 60-mal Familien, Partner und Freunde, die nicht wissen, wer ihren Liebsten das angetan hat. Und irgendwo da draußen läuft wahrscheinlich ein Serienkiller noch immer frei herum.

Rätselhafte Fälle, schlampige Ermittlungen

„Etwaige Zusammenhänge zwischen den Fällen wurden möglicherweise übersehen", sagt der ehemalige stellvertretende Polizeipräsident von New South Wales, Mick Willing: „Viele von diesen Fällen liegen einfach in der Datenbank und wurden nie wieder angeschaut." Der Vorwurf schlampiger Ermittlungen steht ebenfalls im Raum.

„Die Zahl der Frauen, die getötet oder verschwunden sind, ist extrem verstörend", sagt auch Kriminalpsychologe Tim Watson-Munro: „Wenn Menschen zur selben Zeit am selben Ort verschwinden, ist das ein massives Warnsignal." ung, weiblich, oft allein

Bei den Opfern handelt es sich oft um junge Frauen, die allein oder maximal zu zweit unterwegs waren: Sie trampten, gingen spazieren, liefen nachts allein nach Hause –

und wurden nie wieder gesehen und wenig später in abgelegenen Gebieten tot aufgefunden. Nur einige Beispiele:

Im Juli 1978 verschwanden nach einer Clubnacht in Newcastle die Teenager Anni Tominac (17) und Joy Hodgins (18). Ihr Verschwinden fiel erst drei Wochen später auf: Hodgins war ein Waisenkind und lebte allein, auch Tominiac wohnte nicht mehr bei ihren Eltern. Im April 1979 verschwand dann die 18-jährige Robyn Hickie. Sie wurde zuletzt an einer Bushaltestelle an einem Highway in Newcastle gesehen. Zwei Wochen später verschwand nur 30 Kilometer weiter die 14-jährige Amanda Robinson. Sie war nach einer Schulparty auf dem Weg nach Hause und kam nie an. Zeitweise waren zwei Millionen australische Dollar (1,2 Millionen Euro) für den entscheidenden Hinweis ausgeschrieben. Nur wenige Monate später – im Dezember 1978 verschwand Leanne Goodall (20). Ihr Bruder hatte sie an einem Bahnhof in Newcastle abgesetzt – danach verlor sich ihre

Spur. Von der Klippe gestürzt, im Auto verbrannt.

Diese Vermisstenfälle haben eins gemeinsam: Es gibt keine Spuren, keine Leichen, keinen Verdächtigen. Wenn die Opfer doch gefunden wurden, zeigte sich, welches Grauen sie erleben mussten: Im August 2003 fanden Rettungskräfte abseits einer Straße im Buschland Nahe Bonny Hills (ebenfalls Newcastle) einen brennenden Wagen.

Darin: Harmony Bryant (26). 60 Prozent ihrer Haut waren verbrannt, die Knochen gebrochen. Die Polizei vermutet, dass sie aus kurzer Distanz von einer Klippe gestürzt und schwer verletzt in ihr Auto zurückgebracht wurde. Dieses zündeten ein oder mehrere Täter dann an. Am Abend davor hatte sie für sich und eine andere Person eine Übernachtung in einem Motel gebucht. Wer diese Person war – bis heute unklar. Harmony Bryant konnte keine Aussage mehr machen, sie starb im Krankenhaus.

Harmony Bryant (†26) wurde 2003 schwer verletzt in ihrem brennenden Auto gefunden. Die Polizei schließt einen Unfall aus. Sie starb wenig später im Krankenhaus

Verschwunden seit 1978 gemeinsam mit ihrer Freundin Anni Tominac: Joy Hodgins (18)

Foto: NSW Police

Einen Tag vor Silvester im Dezember 1978 wurde Leanne Goodall (20) das letzte Mal lebend gesehen

Foto: international missing persons

Im April 1979 verschwand dann die 18-jährige Robyn Hickie. Sie wurde zuletzt an einer Bushaltestelle an einem Highway in Newcastle gesehen. Zwei Wochen später verschwand nur 30 Kilometer weiter die 14-jährige Amanda Robinson. Sie war nach einer Schulparty auf dem Weg nach Hause und kam nie an. Zeitweise waren zwei Millionen australische Dollar (1,2 Millionen Euro) für den entscheidenden Hinweis ausgeschrieben.

Verschwunden seit 1979: Robyn Hickie (damals 18)
Foto: NSW Police

Verschwunden seit 1979: Amanda Robinson, sie war damals 14
Foto: NSW Police

Von der Klippe gestürzt, im Auto verbrannt

Diese Vermisstenfälle haben eins gemeinsam:

Es gibt keine Spuren, keine Leichen, keinen Verdächtigen. Wenn die Opfer doch gefunden wurden, zeigte sich, welches Grauen sie erleben mussten: Im August 2003 fanden Rettungskräfte abseits einer Straße im Buschland Nahe Bonny Hills (ebenfalls Newcastle) einen brennenden Wagen. Darin: Harmony Bryant (26). 60 Prozent ihrer Haut waren verbrannt, die Knochen gebrochen. Die Polizei vermutet, dass sie aus kurzer Distanz von einer Klippe gestürzt und schwer verletzt in ihr Auto zurückgebracht wurde. Dieses zündeten ein oder mehrere Täter dann an. Am Abend davor hatte sie für sich und eine andere Person eine Übernachtung in einem Motel gebucht. Wer diese Person war – bis heute unklar. Harmony Bryant konnte keine Aussage mehr machen, sie starb im Krankenhaus.

https://www.bild.de/news/ausland/australiens-in-angst-vor-serienkiller-60-frauen-ermordet-oder-verschwunden-67174587a0e636753eda7191 Aufruf 05/2025

Das mörderische Gehirn
oder
Erkenntnisse zur Physiologie des Geistes

*Eines Tages wird man offiziell zugeben müssen,
dass das, was wir Wirklichkeit getauft haben,
eine noch größere Illusion ist als die Welt des Traumes.*

Salvador Dali

Es gibt keine Trennung zwischen dem, was sich zu ereignen scheint, und dem Selbst. "Ursachen" werden nicht im Außen gesucht, und so genannte "Ereignisse" treten als Ergebnis dessen auf, was sich im Geist befindet. Es gibt keine Ursachen die der Welt selbst zugeschrieben werden könnten, sondern nur solche im Bewusstsein.

David R. Hawkins   *Das All-sehende Auge*

Nach den bisher gemachten Erkenntnissen die aus Studien, Experimenten,Beobachtungen und anderen (wissenschaftlichen) Methoden gewonnen wurden, lässt sich nicht ein einziges Missing-Link, ein einziges Verbindungsstück, eine einzige Kausalität oder wenigstens ein Auslöser mehr oder weniger evidenzbasiert feststellen, warum ein Mensch zu einem Serienmörder wird. Unter „normalen" Bedingungen, nicht pathologisch bedingt.

Sicherlich mögen meine bisher gemachten Ausführungen den rigiden und inflexiblen Kriterien wissenschaftstheoretischer Natur nicht Stand halten. Selbstverständlich nicht! Denn Enge und Starre können kein gedeihliches Erkennen hervorbringen, es

„verbirgt den Spielraum, es verbirgt das Element der Freiheit, das die Wissenschaft enthalten könnte durch Vorspiegelung „rationaler" und „objektiver" Kriterien, und es schützt so die Bonzen der Wissenschaft vor dem Urteil des gemeinen Volkes". Um dies einmal so mit einem Zitat des österreichischen Philosophen und Wissenschaftstheoretikers Paul Karl Feyerabend(1924-1994) zu benennen. Der Professor für Philosophie, der unter anderem an den Universitäten von Berkeley (USA) und der Eidgenössischen Technischen Hochschule in Zürich dozierte und lehrte, wurde berühmt durch seine unorthodoxe und unkonventionelle Sicht der wissenschaftlichen Methoden und seinem wissenschafts theoretischen Anarchismus. So schreibt Feyerabend in Wider dem Meth*odenzwang* von 1975:

„Eine Untersuchung historischer Episoden
und eine abstrakte Analyse
des Verhältnisses von Denken und Handels
zeigt: Der einzige allgemeine
Grundsatz , der den Fortschritt nicht
behindert lautet: Anything goes. "
„Der Slogan ,anything goes' (alles ist
möglich) erhält (...) einen ganz
bestimmten und sehr konkreten Sinn: Eine
Forschungsrichtung, die den
fundamentalsten Prinzipien des Denkens einer
bestimmten Zeit widerspricht
und die also irrational ist, kann im
Forschenden eine neue Idee
der Vernunft aufleuchten lassen und so am
Ende höchst vernünftig
erscheinen (...). "

Feyerabend postulierte, dass es keine allgemeingültigen und wissenschaftlichen Methodiken geben könne.Wissenschaft müsse vielmehr nach allen Seiten offen sein und sich rasch wechselnden Ansichten und Meinungen anpassen.

Letztendlich ist Feyerabend ein Vertreter des philosophischen Relativismus, nachdem keine Theorie eben richtig oder falsch ist.

Natürlich kann jetzt entgegnet werden, dass dies auch nur eine perspektivische Angelegenheit sei; richtig, aber was ist nach den bisherigen Erkenntnissen nicht perspektivisch zu nennen? Nach dem Grundsatz *anything goes, das „ alles möglich ist"* Lässt sich allemal besser arbeiten und forschen, lässt Den, der sich mit Fantasie und Leidenschaft seiner Wissenschaft hingibt, der frei ist von alten Dogmen und Doktrinen, den erfrischenden Odem der Wahrheit atmen. Dieser in allen Wissenschaften zu findende Doktrinarismus konnte ich am anschaulichsten im Kapitel zur Kardiologie darstellen. Meines Erachtens nach.

Von verschiedenen zur Verfügung stehenden Theorien tendiert man stets zu der, welche den Sachverhalt am einfachsten erklärt und die wenigsten Annahmen besitzt. Sollte dies nicht zum Erfolg führen, werden unter Addition weiterer Annahmen schließlich dann die *„komplizierteren"* Theorien entwickelt. Eng verbunden hiermit ist das Prinzip, dass außerordentliche Behauptungen außerordentliche Beweise verlangen. Theorien sind dann von Bedeutung, wenn mit ihnen auch in der Zukunft Ereignisse vorhergesagt werden können. Denn erst durch die Vorhersage wird eine Theorie verifiziert oder eben widerlegt.

Für unsere weiteren Belange mit relevant und aussagekräftig ist der (Wahrheits)-Perspektivismus. Er streitet nicht in letzter Konsequenz eine absolute Wahrheit ab, wohl aber bezweifelt er eine absolute Erkenntnis. Hier gibt es nur sogenannte *„perspektivische Abschattungen"*; frei übersetzt *„führen viele Wege nach Rom".*

Man sieht schon hier, dass es eben in den Wissenschaften eigentlich recht liberal und praktisch „kulturübergreifend" zugehen könnte. Doch wie wir bereits gesehen haben, werden Buntheit und Vielfalt rasch geflissentlich vergessen zugunsten der eigenen Interessen welcher Couleur auch immer und dem spezifischen Standes dünken.

Vom subjektiven Standpunkt aus (ist denn nicht alles subjektiv?) geht die Kohärenztheorie. Hier besteht die Realität oder die Welt als Gesamtheit möglicher Voraussagbarkeit im gesamt potenzieller

Erfahrungen, die ihrerseits wieder in einem gesamten möglichen Aussagen vorgelegt werden. Eine Aussage ist demnach wahr, wenn sie mit allen möglichen Aussagen übereinstimmt, also kohäriert.

So einfach könnte Wissenschaft auch sein!

Der österreichische Philosoph und Ökonom Otto Neurath (1882 –1945) bemerkte dazu.:

„Die Wissenschaft als ein System von Aussagen steht jeweils zur Diskussion ... Jede neue Aussage wird mit der Gesamtheit der vorhandenen, bereits miteinander in Einklang gebrachten Aussagen konfrontiert. Richtig heißt eine Aussage dann, wenn man sie eingliedern kann. Was man nicht eingliedern kann, wird als unrichtig abgelehnt. Statt die neue Aussage abzulehnen, kann man auch, wozu man sich im allgemeinen schwer entschließt, das ganze bisherige Aussagensystem abändern, bis sich die neue Aussage eingliedern lässt ...“

Soziologie im Physikalismus Band 2/ 1931 Wiener Kreis

Genau so sollte Wissenschaft „*fungieren*", den starren Doktrinismus und Absolutismus ablegen und mehr als variabel und flexibel die Architektur des Wissens gestalten.

Das Paradigma *des radikalen Konstruktivismus* ist in seinen Statements zur Wahrheit und zum Wahrheitsproblem tatsächlich „*radikal*". Hier gilt das Prinzip, dass alles und jedes nur subjektiv gefärbt ist. Die Wahrnehmung und die jeweilige Sicht der Dinge sind absolut subjektiv. Die Quintessenz des Ganzen ist dann, dass es viele und verschiedene Wahrheiten gibt. Dieses Ganze ist dann aber auch von der jeweils gesprochenen Sprache abhängig, in der diese Wahrheiten vermittelt werden. Da es nun aber viele Sprachen gibt, gibt es eben auch viele Wahrheiten.

Um diesen kleinen wissenschaftstheoretischen Exkurs dann zu beenden, möchte ich nochmals Paul Feyerabend zitieren:

(„Erkenntnis) ist ein stets anwachsendes Meer miteinander unverträglicher Alternativen; jede einzelne Theorie, jedes Märchen, jeder Mythos, der dazugehört, zwingt die anderen zu deutlicherer Entfaltung, und alle tragen durch ihre Konkurrenz zur Entwicklung unseres Bewusstseins bei.“

(WIDER DEN METHODENZWANG 1975)

So gestärkt praktisch mit wissenschaftlicher Unterstützung und dem Wissen, das es keine absolute Wahrheit gibt und geben kann wieder zurück zum Thema und seiner enormen Vielfältigkeit.

In den USA gibt es mehrere aktive Serienmörder, die als Trucker unterwegs sind. Das behauptet der ehemalige FBI-Agent Frank Figliuzzi in seinem neuen Buch. Die Taten seien schwer aufzuklären, denn die Opfer verschwinden in einem Bundesstaat, werden in einem anderen getötet und wieder in einem anderen gefunden.

In den USA sorgt ein Buch für Aufregung, das sich mit unaufgeklärten Morden und Vermisstenfällen beschäftigt. Der Autor Frank Figliuzzi war jahrelang beim FBI und arbeitete bis zu seiner Pensionierung 2012 als stellvertretender Direktor für Spionageabwehr. Sein neues Buch, das Ende Mai erschien, heißt "Long Haul: Hunting the Highway Serial Killers" und widmet sich den etwa 850 Morden in den USA, von denen angenommen wird, dass sie mit Fernfahrern in Verbindung stehen. Für die Recherchen zu dem Buch begleitete er verschiedene Trucker, duschte an Raststätten und schlief in LKW-Kabinen. Und er verbrachte viele Stunden damit, mit Expertinnen und Experten zu sprechen, die versuchen, die Menschen zu fassen, die ihre Opfer an den großen Highways suchen. Figliuzzis These ist, dass sich hinter den aufgedeckten Fällen eine erschreckende Wahrheit verbirgt: Die meisten Serienmörder sind Fernfahrer. Seiner Einschätzung zufolge sind auch derzeit mehrere aktive Serienmörder als LKW-Fahrer unterwegs. Denn obwohl "im Laufe der Jahre mehrere Trucker wegen Serienmordes verurteilt wurden", bleibt etwa ein Viertel der Fälle in einer entsprechenden Datenbank ungelöst, berichtete Figliuzzi in Interviews, die er zu seinem Buch gegeben hat.

Der "Truck Stop Killer"

Einer der schließlich gefassten Mörder ist Robert Ben Rhoades, der von den Medien den Namen "Truck Stop Killer" bekam. Nach seiner unehrenhaften Entlassung aus der Armee arbeitete Rhoades seit den 1970er Jahren als Trucker. Es dauerte Jahrzehnte, bis er schließlich als der Verantwortliche für mehrere Morde und Vermisstenfälle in mehreren US-Bundesstaaten festgenommen und verurteilt wurde. Rhoades hatte einen Teil seines Lastwagens zu einer mobilen Folterkammer umgebaut, in der er einige Opfer für mehrere Wochen festhielt und immer wieder quälte und missbrauchte. Eines seiner Opfer war die 14-jährige Regina Kay Walters, deren letztes Foto sie in einem schwarzen Etui-Kleid und in High-Heels zeigt, die Haare kurz geschnitten, das Gesicht angsterfüllt und die Hände erhoben, als würde sie um Gnade flehen. Das Foto wurde bei Rhoades gefunden, zusammen mit Bildern anderer Opfer.

Walters war im Februar 1990 zusammen mit ihrem Freund Ricky Jones weggelaufen, als sie von Rhoades mitgenommen wurden. Den Erkenntnissen der Ermittler zufolge musste sie zuschauen, wie der Trucker zunächst ihren Freund ermordete. Anschließend verbrachte sie fast einen Monat in dem Folterraum im Lastwagen, Rhoades vergewaltigte sie immer wieder bei Stopps, durchbohrte sie mit Angelhaken, schnitt ihr Haar und rasierte ihre Schamhaare ab. Am Ende erdrosselte der Trucker das Mädchen in einer Scheune. Anschließend rief er Walters' Vater an.

Der Truck Stop Killer wurde schließlich am 1. April 1990 verhaftet. Als die Polizei seinen Truck untersuchte, fand sie eine Frau in dem Folterraum. Rhoades wurde zu lebenslanger Haft verurteilt, die Ermittlungsbehörden nehmen an, dass er zwischen 1975 und 1990 bis zu 50 Menschen getötet hat.

"Man kann nicht lösen, was man nicht weiß"

Die Täter profitieren von der Mobilität, zu der sie für ihre Arbeit gezwungen sind. Lange Zeit wurden Ermittlungen dadurch erschwert, dass die Opfer in einem Bundesstaat verschwanden, in einem anderen getötet und wieder in einem anderen gefunden wurden. Inzwischen werden die Fälle in einer Datenbank gesammelt, die es den Ermittlerinnen und Ermittlern ermöglicht, Zusammenhänge herzustellen. Verknüpft werden Informationen zu sexuellen Übergriffen, vermissten Personen und nicht identifizierten menschlichen Überresten an oder in der Nähe von Raststätten, Autohöfen oder in unmittelbarer Nähe einer Autobahn. Figliuzzi zufolge bearbeitet die Sondereinheit derzeit 200 aktive Fälle mit etwa 450 Verdächtigen. Auf die vier Millionen Sattelschlepper gerechnet, die in den USA unterwegs sind, sei das nur ein kleiner Prozentsatz, betont der Autor. Dass Fernfahrer trotzdem unter den Serienkillern die führende Berufsgruppe sind, hat seiner Einschätzung zufolge etwas mit der "Isolation des Jobs" zu tun, der für viele Fahrer Wochen und Monate mit wenig menschlichem Kontakt bedeute. Viele Trucker seien möglicherweise auch schon vor ihrer Berufswahl Einzelgänger, die sich nicht gern sagen ließen, was sie zu tun haben und Kontrolle haben wollen. Eine anonyme Umfrage unter LKW-Fahrern habe ergeben, dass 10 Prozent der Fahrer täglich Alkohol trinken, 20 Prozent sagen, sie konsumieren fünf oder mehr Drinks auf einmal und 44 Prozent leiden unter den Symptomen einer schweren klinischen Depression. "Die Isolation und der Mangel an menschlicher Interaktion können den Wunsch zu töten noch verstärken, wenn - und ich möchte hier vorsichtig sein - diese Veranlagung bereits vorhanden ist", so der Experte.

Quelle: ntv.de

https://www.n-tv.de/panorama/FBI-vermutet-mehrere-Serienkiller-unter-Fernfahrern-article24991606.html Aufruf 05/2025

In der nachfolgenden Publikation, die ich zur Verfügung stelle, geht es mehr um allgemeine Aussagen zur Aggression und Gewalttätigkeit. Aber auch hier nicht viel Neues, bis auf kleinere Unzulänglichkeiten, die der Klärung bedürfen.

Neurobiologie
Das mörderische Gehirn

Serienkiller, Amokläufer, Vergewaltiger und Mörder sind die Studienobjekte einer neuen Generation von Hirnforschern. Sie hoffen, damit die Spirale der Gewalt zu durchbrechen.Was James Oliver Huberty zu seiner Wahnsinnstat trieb, weiß niemand. „Keine Bewegung", hatte der 41jährige am 18. Juli 1984 um 16.00 Uhr den Gästen eines McDonalds zugerufen – und dann mit Schrotflinte, Pistole und Maschinengewehr das Feuer eröffnet. „Schwerverletzte, die sich vor Schmerzen am Boden krümmten, knallte er eiskalt ab", so ein Augenzeuge.e rst 75 Minuten später beendete der Polizeibeamte Chuck Foster das Gemetzel in dem Vorort der südkalifornischen Millionenstadt San Diego durch einen gezielten Schuß in die Brust des Massenmörders. 21 Tote, 18 Verletzte lautete die Bilanz eines der schlimmsten Amokläufe in der Kriminalgeschichte. Das älteste Opfer war 74 Jahre, das jüngste gerade acht Monate alt. Elf Jahre später trafen sich nur wenige Kilometer vom Tatort entfernt rund 23 000 Hirnforscher aus aller Welt. Auf dem Jahrestreffen der amerikanischen Society for Neuroscience präsentierten sie Mitte November ihre neuesten Erkenntnisse. Mit fünf Kilogramm Gewicht wog der Veranstaltungskatalog fast das Vierfache eines durchschnittlichen Denkorgans. 3500 Seiten engbedruckten Papiers waren nötig, um die auf wenige Zeilen zusammengestauchten Zusammenfassungen von knapp 13 000 Präsentationen unterzubringen. Ein explodierendes Forschungsgebiet – und ein explosives dazu. Eines der zentralen Tagungsthemen: Was sind die Ursachen von Gewalt und Aggression? Ist die Erziehung schuld oder die Gesellschaft, wie Siegmund Freud zu wissen glaubte? Sind es „minderwertige" Erbanlagen, wie die pervertierte Rassenideologie der

229

Nationalsozialisten suggerierte? Oder geht die Gewalt vom Kopf aus – sprich vom Gehirn? Auf dem größten Hirnkongreß aller Zeiten begaben sich gleich Dutzende von hochkarätigen Experten auf derart vermintes Gebiet: Selbstbewußt wie nie zuvor diskutierten die Neuroforscher über die Spuren der Gewalt, die sie in den Gehirnen von Tätern und Opfern gefunden haben wollen.

Schlagen wir uns gegenseitig den Schädel ein, weil der Cocktail von Botenstoffen zwischen unseren Nervenzellen die falschen Zutaten enthält? Sind einige falsch verkabelte Zellhäufchen im Gehirn schuld, wenn Mütter ihre Kinder töten, oder 16jährige ihre Familie auslöschen?

Das Thema hat Konjunktur: In der Fachzeitschrift „nature" vermeldet Solomon Snyder von der Johns Hopkins University in Baltimore jetzt die Zucht eines Mäusestamms, der aufgrund eines subtilen Eingriffs ins Erbgut den Biokatalysator nNOS (neuronale Stickoxidsynthase) nicht herstellen kann. Im gesunden Gehirn produziert dieses Enzym gasförmiges Stickoxid, einen wichtigen Botenstoff für die Kommunikation zwischen den Nervenzellen. Schockiert verzeichnete Snyder die Folgen des Enzym-Verlusts: In den Käfigen, die jeweils fünf der mutierten Mäusemänner als Unterkunft gedient hatten, fanden die Forscher bei morgendlichen Routineuntersuchungen immer wieder tote Tiere. Videoaufnahmen bestätigten spä-ter den Verdacht auf Brudermord. Gegenüber den Weibchen zeigten die aggressiven Machos ein „exzessives und unangemessenes sexuelles Verhalten", so Snyder. Während normale Tiere nach der ersten Paarung schnell das Interesse am anderen Geschlecht verlieren, bestiegen die Mutanten immer wieder die laut protestierenden Weibchen. Nur einen von mehreren tausend Biokatalysatoren des Gehirns hatten die Forscher ausgeknockt – und schon wurden aus sozialen Nagern Mörder und Vergewaltiger. Die Tatsache, daß weibliche Tiere mit dem gleichen Defekt keinerlei auffälliges Verhalten zeigten, dürfte die Diskussion um „männliche Gewalt" weiter anheizen. Snyder ist sich der Brisanz seiner Forschung wohl bewußt. Schließlich findet sich nNOS auch im menschlichen Gehirn, und zwar besonders in den Regionen, die bei der Steuerung der Gefühle eine Rolle spielen.

„Wir haben kein Gen für kriminelles Verhalten gefunden", betont Snyder deshalb. „Jeder, der das glaubt, ist völlig auf dem Holzweg." Natural born Killers? Die Frage, ob manche Menschen bereits als Verbrecher geboren oder erst durch „gesellschaftliche Zwänge" zu Gewalttätern werden, erhitzte schon immer die Gemüter. Jetzt haben findige Rechtsanwälte sich des Themas bemächtigt und plädieren auf mildernde Umstände für ihre Klienten. Der Amerikaner Stephen Mobley etwa, der im Bundesstaat Georgia einen Pizzaverkäufer erschossen hatte, versuchte seine Strafe zu reduzieren, indem er auf eine „kriminelle Tradition" verwies, die in seiner Familie bereits in der vierten Generation nachzuweisen sei. Mobleys Verteidiger zitierten eine Studie des Niederländers Han Brunner von der Universitätsklinik in Nimwegen, wonach Männer mit erniedrigten Konzentrationen des Hirnenzyms MAO A (Monoaminoxidase A) zu Aggressionen neigten. Einige dieser Männer waren durch häufige Prügeleien aufgefallen, einer hatte seine Schwester vergewaltigt, ein anderer versuchte, seinen Chef zu überfahren, weil dieser ihn kritisiert hatte (FOCUS 30/93).

Mobleys Anwälte verlangten nun einen Test um festzustellen, ob ihr Mandant schuldfähig sei oder „aggressionskrank". Der Antrag wurde abgewiesen. Heute sitzt Mobley in der Todeszelle und wartet auf den Vollzug seiner Strafe. Die Begründung des Gerichts: Die Familie des Angeklagten bestand nicht nur aus Kriminellen, sondern auch aus äußerst erfolgreichen Geschäftsleuten. Mobleys Vater etwa hatte es ohne fremde Hilfe zum Millionär gebracht.

Für die Kriminologin Diana Fishbein vom US-Justizministerium ist dies kein Widerspruch: „Aggression muß nicht immer schlecht sein – einige unserer größtenPolitiker oder unsere Spitzenmanager sind ziemlich aggressiv." Die Botschaft ist klar. Aggression und Erfolg sind womöglich ebenso schwer zu trennen wie die zwei Seiten einer Münze. Im evolutionären Kampf überlebten nur diejenigen, die sich zu wehren wußten. Vielleicht ist es dieses biologische Erbe, das die Entwicklung eines besonders aggressiven Typs geprägt hat – des Mannes. Denn der begeht Gewalttaten im Durchschnitt neunmal häufiger als das weibliche Geschlecht. Die Beweise, daß jene Gewalt vom Gehirn *ausgeht, häufen sich. Auf der Megakonferenz der Hirnforscher in San Diego konnte einer der prominentesten Neurobiologen, Floyd Bloom vom Scripps Research Institute in La Jolla, über spektakuläre Fortschritte auf seinem Spezialgebiet berichten. Seit Jahrzehnten untersucht Bloom die chemischen Ursachen aggressiven Verhaltens. Als den vielleicht wichtigsten Akteur hat er die Substanz Serotonin im Visier. Immer wieder wurde ein Mangel an diesem Botenstoff, der unter anderem in Milch, Bananen und Geflügel enthalten ist, mit aggressivem Verhalten in Verbindung gebracht: Mäuse oder Ratten, die vier Wochen lang in einen engen Käfig gesperrt waren, reagierten nicht nur äußerst feindlich auf ihre Artgenossen-in ihren Gehirnen wurde Serotonin auch viel langsamer verstoffwechselt. Medikamente, die die Neubildung von Serotonin unterdrücken, steigerten noch die Aggressivität der Versuchstiere. In der Rückenmarksflüssigkeit von 1000 finnischen Gefängnisinsassen fand man die niedrigsten Serotoninkonzentrationen bei den brutalsten Verbrechern. Den neuesten Hinweis im Indizienprozeß lieferten jetzt US-*

Forscher auf der Jahrestagung der Society for Neuro-science. Mit einer Spezialdiät senkten sie die Konzentration von Serotonin im Gehirn freiwilliger Versuchspersonen – und konnten anschließend beobachten, wie sich friedfertige Kartenspieler in niederträchtige Fieslinge verwandelten. „Die Männer verhielten sich ziemlich gemein", faßte Studienleiter Frederick Moeller von der University of Texas in Houston seine Ergebnisse zusammen. Sie hatten eine Spielstrategie gewählt, die den anderen schadete, ohne selbst davon den geringsten Nutzen zu haben. „Menschen, die zu aggressivem Verhalten neigen, könnten also von Medikamenten profitieren, die den Serotoningehalt im Gehirn erhöhen", folgerte Moeller. Nicht jeder aber teilt die Hoffnung auf eine schöne neue Welt, in der Gewalt und Angst durch Pillen vertrieben werden wie eine lästige Bakterieninfektion. Dabei dient Serotonin schon heute als Paradebeispiel für die Erfolge neurobiologischer Forschung. Verlängert man nämlich durch Arzneimittel die Lebenszeit von Serotoninmolekülen zwischen den Nervenzellen, steigt das Wohlbefinden. Bei Depressionen – einer Form der sogenannten

Autoaggression – haben Ärzte mit dieser Methode enorme Erfolge erzielt: Zwischen zwischen 70 und 90 Prozent aller Depressionskranken kann heute geholfen werden.

Von einer solch stolzen Bilanz konnte Sigmund Freud, der Vater der modernen Psychiatrie, nur träumen. Dessen Psychoanalyse versagte kläglich bei schweren Depressionen, die unbehandelt oftmals mit Selbstmord enden. Auch in die abgekapselte, düstere Welt schizophrener Menschen vermochte Freud mit seinen Theorien zum Unterbewußtsein nicht vorzudringen. Den dauernden Alpträumen und Wahnvorstellungen, die schon zahlreiche Schizophrene zu Attentätern und Amokläufern machten, setzen Psychiater heute moderne Arzneimittel entgegen, die wiederum auf Serotonin und andere Botenstoffe des Gehirns einwirken. Diese Medikamente haben vielen Patienten ein neues Leben ermöglicht. Wenn die bunten Pillen als wirksame Waffen gegen Wahn und Selbstzerstörung eingesetzt werden können, warum sollte man mit ähnlichen Medikamenten nicht auch die Spirale der Gewalt durchbrechen? Wenn Menschen zum Amokläufer oder

Massenmörder werden, muß jedoch nicht immer eine chemische Fehlinformation im Gehirn vorliegen. Daher interessieren sich die Neurobiologen zunehmend für die Verschaltung der Nervenzellen untereinander. Bisher war dieses Wirrwarr aus 100 Milliarden Zellen, von denen manche bis zu 250 000 Nachbarn kontaktieren, auch nach einem lebenslangen Studium kaum zu durchschauen. So mußten sich Ärzte und Psychiater zumeist auf das Studium Hirnverletzter verlassen. Ihre Ergebnisse lassen aufhorchen: Werden Teile des Hypothalamus zerstört, neigen die Patienten zu Jähzorn und impulsiven Handlungen. Männer und Frauen, die in US-Gefängnissen wegen Mordes auf ihre Hinrichtung warteten, haben in ihrem Leben sehr häufig schwere Kopfverletzungen erlitten.

Totschläger, Brandstifter und Bankräuber zeigten bei Laboruntersuchungen an der Harvard Medical School eine „vorübergehende Fehlfunktion des Stirnlappens nach einer Überaktivierung des limbischen Systems". Diese heiße Spur führt zum Papezschen Neuronenkreis. Die

„Emotionsspirale" verbindet vier Regionen in tiefergelegenen Schichten des Gehirns und steht außerdem in Verbindung mit dem modernsten Teil unseres Denkorgans, der Großhirnrinde.

Die gute Nachricht: Der Schaltkreis ist so angelegt, daß wir negative Gefühle zumeist durch den Verstand kontrollieren können. Die schlechte Nachricht: Wird die Verbindung zur Großhirnrinde unterbrochen, kann es zum emotionalen Kurzschluß kommen. Ursache und Wirkung sind in den materialistisch-mechanistischen Modellen der Neuroforscher oftmals nur schwer zu trennen. Vielleicht, so merken Kritiker an, sind die immer wieder postulierten Auffälligkeiten im Hirnstoffwechsel gewalttätiger Menschen nichts weiter als Symptome, deren Beseitigung die Wurzeln des Problems nicht einmal berührt.

Soziale statt biologischer Lösungen fordert deshalb der US-Politiker Peter Breggin. Armut, Rassismus und Arbeitslosigkeit seien die wahren Ursachen des Verbrechens, die es zu bekämpfen gelte. Zusammen mit anderen Aktivisten hatte Breggin durch Protestaktionen und politische Manöver eine wissenschaftliche

Konferenz über die Wurzeln kriminellen Verhaltens drei Jahre lang zu verhindern gewußt.

Als die Konferenz dennoch im Herbst dieses Jahres stattfand, war der Eklat vorprogrammiert. Rund 70 teilnehmende Neurobiologen, Kriminologen, Historiker und Psychologen sahen sich von wütenden Demonstranten mit dem Vorwurf konfrontiert, sie würden „rassistische Pseudowissenschaft" betreiben und damit „dem Völkermord Vorschub leisten".

Die Antwort ließ nicht lange auf sich warten: „Das Blut der Opfer klebt an den Händern der Protestler, wenn wir gezwungen werden, unsere Forschungen einzustellen", so Adrian Raine von der University of Southern California in Los Angeles. Der Psychologe ist davon überzeugt, daß die biologische Forschung dazu beitragen wird, Gewaltverbrechen zu verhindern. Doch seine Suche nach vermeintlichen Gewaltzentren im Gehirn führt ihn schon mal auf den Holzweg: Bei einer Computeranalyse der Hirnaktivität von 22 Mördern fand Raine einen auffälligen Knoten im Thalamus des einzigen Serienmörders. Der Mann hatte in

239

fünf Jahren 43 Menschen umgebracht. Dann nahm Raine sein eigenes Gehirn unter die Lupe – und sichtete dort ebenfalls das vermeintliche Killerzentrum . . .
Die Angst vor übereilten Rückschlüssen und Lösungen ist also nicht unbegründet. Schließlich haben Ärzte noch vor nicht allzu langer Zeit versucht, per „Eispickelchirurgie" Menschen mit Psychosen, Neurosen und Depressionen zu „helfen". Tausenden wurde dazu knapp oberhalb des Auges ein Messer ins Gehirn gerammt. Die sogenannte Lobotomie zerstörte durch einige schnelle Bewegungen mit der Klinge Nervenbahnen im Stirnlappen und beseitigte vorübergehend Angstgefühle und unerträgliche Gedanken. Erst Jahrzehnte später – der Erfinder der rabiaten Prozedur, Egas Moniz, hatte inzwischen einen Medizinnobelpreis erhalten – wurde das wahre Ausmaß der angerichteten Schäden sichtbar: Konzentrationsstörungen, Ziellosigkeit und obszöne Verhaltensweisen sind der Preis, den die Patienten für den vermeintlichen Fortschritt zahlen mußten.
Die Täter-Opfer-Spirale: In einer seiner letzten Studien hat Adrian Raine die Beobachtungsergebnisse von über 4269

Jungen ausgewertet, die von ihren Müttern vernachlässigt oder mißhandelt worden waren oder bei deren Geburt es Komplikationen gegeben hatte. Ergebnis: Bis zur Volljährigkeit hatte sich für diese Jugendlichen die Wahrscheinlichkeit, wegen eines Gewaltverbrechens verhaftet zu werden, um das Dreifache erhöht. Was Raine vermutet, aber aus ethischen Gründen bei den Jugendlichen nicht überprüfen kann, zeigte der Psychiater Craig Ferris vom University of Massachusetts Medical Center in Worchester im Tierversuch bei Goldhamstern: Nager, die in ihrer Jugend von älteren Artgenossen terrorisiert worden waren, hatten verkümmerte Nervenbahnen in den „Aggressionsschaltkreisen". Als erwachsene Tiere peinigten die Hamster nun ihre kleineren Artgenossen. Andere Untersuchungen bestätigen Raines Vermutung: So fand man erst kürzlich bei Kriegsveteranen, vergewaltigten Frauen und mißbrauchten Kindern einen geschrumpften Hippocampus. Die Streßhormone scheinen diese Hirnregion regelrecht zu vergiften (FOCUS 33/95). Gewalt hinterläßt also Spuren in den Gehirnen der Opfer, die sich *allzuoft an ihren Nachkommen für ihr eigenes Schicksal rächen. Der nächste Täter ist geboren.Ob die neuentdeckte Spirale der Gewalt durch die neuen neurobiologischen Erkenntnisse eines Tages unterbrochen werden kann, bleibt fraglich. Falls nicht, zeichnet die Kriminologin Diane Fishbein vom US-Justizministerium ein düsteres Bild der Zukunft: „Kriminelle, für die es keine effektive Behandlung gibt, sollten für immer hinter Gitter.*

„Aggressive Menschen könnten von Medikamenten profitieren, die den Serotoningehalt im Gehirn erhöhen"

FREDERICK MOELLER UNIVERSITY OF TEXAS, HOUSTON

„Soziale Faktoren spielen eine Rolle. Sie erklären aber nicht, warum der eine gewalttätig wird und er andere nicht"

DIANA FISHBEIN US-JUSTIZMINISTERIUM

https://www.focus.de/gesundheit/news/neurobiologie-das-moerderische-gehirn_aid_154688.html
Was wissen und können Hirnforscher heute?

Angesichts des enormen Aufschwungs der Hirnforschung in den vergangenen Jahren entsteht manchmal der Eindruck, unsere Wissenschaft stünde kurz davor, dem Gehirn seine letzten Geheimnisse zu entreißen. Doch hier gilt es zu unterscheiden: Grundsätzlich setzt die neurobiologische Untersuchung des Gehirns auf drei verschiedenen Ebenen an. Die oberste erklärt die Funktion größerer Hirnareale, beispielsweise spezielle Aufgaben verschiedener Gebiete der Großhirnrinde, der Amygdala oder der Basalganglien. Die mittlere Ebene beschreibt das Geschehen innerhalb von Verbänden von hunderten oder tausenden Zellen. Und die unterste Ebene umfasst die Vorgänge auf dem Niveau einzelner Zellen und Moleküle. Bedeutende Fortschritte bei der Erforschung des Gehirns haben wir bislang nur auf der obersten und der untersten Ebene erzielen können, nicht aber auf der mittleren.

Verschiedene Methoden ermöglichen einen Einblick in die oberste Organisationsebene des Gehirns: Bildgebende Verfahren wie die Positronenemissionstomografie (PET) und die funktionelle Magnetresonanztomografie (fMRT), die den Energiebedarf von Hirnregionen messen, besitzen eine gute räumliche Auflösung, bis in den Millimeterbereich. Zeitlich gesehen hinken sie den Vorgängen allerdings mindestens um Sekunden hinterher. Die klassische Elektroenzephalografie (EEG) dagegen misst die elektrische Aktivität von Nervenzellverbänden quasi in Echtzeit, gibt aber nicht genau Aufschluss über den Ort des Geschehens. Etwas besser – etwa im Zentimeterbereich – liegt die räumliche Auflösung bei der neueren Magnetenzephalografie (MEG), mit der sich die Änderung von Magnetfeldern um elektrisch aktive Neuronenverbände millisekundengenau sichtbar machen lässt. Insbesondere durch die Kombination mehrerer dieser

243

Technologien können wir das Zusammenspiel verschiedener Hirnareale darstellen, das uns kognitive Funktionen wie Sprachverstehen, Bilder erkennen, Tonwahrnehmung, Musikverarbeitung, Handlungsplanung, Gedächtnisprozesse sowie das Erleben von Emotionen ermöglicht. Damit haben wir eine thematische Aufteilung der obersten Organisationsebene des Gehirns nach Funktionskomplexen gewonnen. Auch hinsichtlich der untersten neuronalen Organisationsebene hat die Entwicklung völlig neuartiger Methoden wie etwa der Patch-clamp-Technik, der Fluoreszenzmikroskopie oder des Xenopus-Oocyten-Expressionssystems zu einem Erkenntnissprung geführt. Inzwischen wissen wir sehr viel mehr über die Ausstattung der Nervenzellmembran mit Rezeptoren und Ionenkanälen sowie über deren Arbeitsweise, die Funktion von Neurotransmittern, Neuropeptiden und Neurohormonen, den Ablauf intrazellulärer Signalprozesse oder die Entstehung und Fortleitung neuronaler Erregung. Selbst was in einem einzelnen Neuron passiert, können wir mit hoher räumlicher und zeitlicher Auflösung analysieren sowie in Computermodellen simulieren. Dies ist von großer Bedeutung für das Grund legende Verständnis der Arbeitsweise von Sinnesorganen und Nervensystemen sowie für die gezielte Behandlung neurologischer und psychischer Erkrankungen.

Zweifellos wissen wir also heute sehr viel mehr über das Gehirn als noch vor zehn Jahren. Zwischen dem Wissen über die obere und untere Organisationsebene des Gehirns klafft aber nach wie vor eine große Erkenntnislücke. Über die mittlere Ebene – also das Geschehen innerhalb kleinerer und größerer Zellverbände, das letztlich den Prozessen auf der obersten Ebene zu Grunde liegt – wissen wir noch erschreckend wenig. Auch darüber, mit welchen Codes einzelne oder wenige Nervenzellen untereinander kommunizieren (wahrscheinlich benutzen sie gleichzeitig mehrere solcher Codes), existieren allenfalls plausible Vermutungen. Völlig unbekannt ist zudem, was abläuft, wenn hundert Millionen oder gar einige Milliarden Nervenzellen miteinander "reden".

Nach welchen Regeln das Gehirn arbeitet; wie es die Welt so abbildet, dass unmittelbare Wahrnehmung und frühere Erfahrung miteinander verschmelzen; wie das innere Tun als "seine" Tätigkeit erlebt wird und wie es zukünftige Aktionen plant, all dies verstehen wir nach wie vor nicht einmal in Ansätzen. Mehr noch: Es ist überhaupt nicht klar, wie man dies mit den heutigen Mitteln erforschen könnte. In dieser Hinsicht befinden wir uns gewissermaßen noch auf dem Stand von Jägern und Sammlern.

Die Beschreibung von Aktivitätszentren mit PET oder fMRI und die Zuordnung dieser Areale zu bestimmten Funktionen oder Tätigkeiten hilft hier kaum weiter. Denn dass sich all das im Gehirn an einer bestimmten Stelle abspielt, stellt noch keine Erklärung im eigentlichen Sinne dar. Denn »wie« das funktioniert, darüber sagen diese Methoden nichts, schließlich messen sie nur sehr indirekt, wo in Haufen von hundert Tausenden von Neuronen etwas mehr Energiebedarf besteht. Das ist in etwa so, als versuchte man die Funktionsweise eines Computers zu ergründen, indem man seinen Stromverbrauch misst, während er verschiedene Aufgaben abarbeitet.

Vieles spricht dafür, dass neuronale Netzwerke als hochdynamische, nicht-lineare Systeme betrachtet werden müssen. Das bedeutet, sie gehorchen zwar mehr oder weniger einfachen Naturgesetzen, bringen aber aufgrund ihrer Komplexität völlig neue Eigenschaften hervor. Repräsentationen von Inhalten – seien es Wahrnehmungen oder motorische Programme – entsprechen hochkomplexen raumzeitlichen Aktivitätsmustern in diesen neuronalen Netzwerken. Um diesen Signalcode zu entschlüsseln, bedarf es wahrscheinlich paralleler Ableitstechniken, die eine gleichzeitige Messung an vielen Stellen des Gehirns erlauben.

Doch auch wenn viele Geheimnisse noch darauf warten gelüftet zu werden, hat die Hirnforschung bereits heute einige ganz erstaunliche Erkenntnisse gewonnen. Beispielsweise wissen wir im Wesentlichen, was das Gehirn gut leisten kann und wo es an seine Grenzen stößt. Mit am eindrucksvollsten ist seine enorme Adaptions- und Lernfähigkeit, die – und das ist wohl der überraschendste Punkt – zwar mit dem Alter abnimmt, aber bei weitem nicht so stark wie vermutet. Lange Zeit dachte man, die Hirnentwicklung sei irgendwann in der Jugend abgeschlossen und die neuronalen Netzwerke seien endgültig angelegt. Mittlerweile steht aber fest, dass sich auch im erwachsenen Gehirn zumindest im Kurzstreckenbereich – auf der Ebene einzelner Synapsen – noch neue Verschaltungen bilden können. Außerdem können für bestimmte Aufgaben zusätzliche Hirnregionen rekrutiert werden – etwa beim Erlernen von Fremdsprachen in fortgeschrittenem Alter.

Dank dieser Plastizität kann Hans also durchaus noch lernen, was Hänschen nicht gelernt hat – auch wenn es mit den Jahren deutlich schwerer fällt. Die molekularen und zellulären Faktoren, die der Lern-Plastizität zu Grunde liegen, verstehen wir mittlerweile so gut, dass wir beurteilen können, welche Lernkonzepte – etwa für die Schule – am besten an die Funktionsweise des Gehirns angepasst sind. Vor allem aus Tierversuchen wissen wir seit einigen Jahren außerdem, dass sich selbst im erwachsenen Gehirn – zumindest an einigen Stellen – noch neue Nervenzellen bilden. Zum jetzigen Zeitpunkt verstehen wir noch nicht, wie sich bei dieser "Neurogenese" neue Nervenzellen in alte Verschaltungen einfügen und welche Funktion sie dann übernehmen. Die Frage, ob sich eine medikamentös induzierte Neurogenese für ursächliche Therapien von neurodegenerativen Erkrankungen einsetzen lässt, können wir daher im Moment noch nicht beantworten.

Wir haben herausgefunden, dass im menschlichen Gehirn neuronale Prozesse und bewusst erlebte geistig-psychische Zustände aufs Engste miteinander zusammenhängen und unbewusste Prozesse bewussten in bestimmter Weise vorausgehen. Die Daten, die mit modernen bildgebenden Verfahren gewonnen wurden, weisen darauf hin, dass sämtliche innerpsychischen Prozesse mit neuronalen Vorgänge in bestimmten Hirnarealen einhergehen – zum Beispiel Imagination, Empathie, das Erleben von Empfindungen und das Treffen von Entscheidungen beziehungsweise die absichtsvolle Planung von Handlungen. Auch wenn wir die genauen Details noch nicht kennen, können wir davon ausgehen, dass all diese Prozesse grundsätzlich durch physikochemische Vorgänge beschreibbar sind. Diese näher zu erforschen, ist die Aufgabe der Hirnforschung in den kommenden Jahren und Jahrzehnten.

Geist und Bewusstsein – wie einzigartig sie von uns auch empfunden werden – fügen sich also in das Naturgeschehen ein und übersteigen es nicht. Und: Geist und Bewusstsein sind nicht vom Himmel gefallen, sondern haben sich in der Evolution der Nervensysteme allmählich herausgebildet. Das ist vielleicht die wichtigste Erkenntnis der modernen Neurowissenschaften.

Was wissen und können Hirnforscher in zehn Jahren? Was wir in zehn Jahren über den genaueren Zusammenhang von Gehirn und Geist wissen werden, hängt vor allem von der Entwicklung neuer Untersuchungsmethoden ab. Das "Wo" im Gehirn, über das uns heute die funktionelle Kernspintomographie Auskunft gibt, sagt uns noch nicht, "wie" kognitive Leistungen durch neuronale Mechanismen zu beschreiben sind. Für einen echten Fortschritt in diesem Bereich benötigen wir ein Verfahren, das die Registrierung beider Aspekte in einem ermöglicht.

Wie entstehen Bewusstsein und Ich-Erleben, wie werden rationales und emotionales Handeln miteinander verknüpft, was hat es mit der Vorstellung des "freien Willens" auf sich? Die großen Fragen der Neurowissenschaften zu stellen ist heute schon erlaubt – dass sie sich bereits in den nächsten zehn Jahren beantworten lassen, ist allerdings eher unrealistisch. Selbst ob wir sie bis dahin auch nur sinnvoll angehen können, bleibt fraglich. Dazu müssten wir über die Funktionsweise des Gehirns noch wesentlich mehr wissen.

Sehr wohl aber kann es der Hirnforschung innerhalb der nächsten Dekade gelingen, Erkenntnisse zu erarbeiten, die für Antworten auf diese übergeordneten Fragen entscheidend sein werden. So wollen wir herausfinden, wie Schaltkreise von Hunderten oder Tausenden Neuronen im Verbund des ganzen Gehirns Information codieren, bewerten, speichern und auslesen. Die mittlere Ebene – die Untersuchung der Arbeitsweise von kleineren Bereichen des Nervensystems, von Mikroschaltkreisen – gelangt also zunehmend in den Mittelpunkt der Forschung. Das bisher übliche Verfahren, solche Fragen an Gehirnschnitten zu untersuchen, gehört dann wahrscheinlich der Vergangenheit an, da es nur Momentaufnahmen in einem nicht mehr als Ganzen funktionierenden Schaltwerk darstellen kann. Stattdessen können wir in zehn Jahren wahrscheinlich die räumliche und zeitliche Verteilung von neuronaler Erregung bis auf die Ebene aller beteiligten Neurone in einem Mikroschaltkreis mit bildgebenden Verfahren hoher zeitlicher Auflösung im intakten Nervensystem erfassen. Multiple-Photonenmikroskopie, funktionelle Farbstoffe und molekulargenetische Methoden versetzen uns in die Lage, die Regeln des Informationsflusses innerhalb einzelner Neurone und im Verbund von Neuronen zu erkennen.

Voraussetzung für all diese Experimente ist aber, dass die untersuchten Tiere – denn an diesen werden die Versuche vor allem stattfinden – nicht narkotisiert sind und aufgrund schmerzfreier Verfahren ihr natürliches Verhalten zeigen. Nur dann ist es möglich, die Hirnaktivität dieser Tiere beim aktiven Lösen von Aufgaben zu beobachten und dabei die wichtigste Funktion des Gehirns, seine Produktivität und Spontaneität, in die Analyse miteinzubeziehen.

Ganz wesentlich unterstützt wird das Verständnis der Arbeitsweise von Mikroschaltkreisen durch eine detailreiche

Modellierung mit Hochleistungsrechnern. Diese Modellierung orientiert sich zukünftig allerdings weniger an den heutigen Konzepten der Informatik und künstlichen Intelligenz als vielmehr an den wirklichen physiologischen Vorgängen. Und zwar nicht nur an denen der unteren Ebene – einzelnen Neuronen mit ihren Ausstattungen an Kanälen und Rezeptoren, ihren wahren Gestalten und ihren plastischen Eigenschaften –, sondern vor allem auch an den neuronalen Prozessen der bisher noch so wenig verstandenen mittleren Ebene, wie sie beim Lernen, beim Erkennen und Planen von Handlungen vorkommen. So wird sich neben der experimentellen Neurobiologie die theoretische Neurobiologie als Forschungsdisziplin durchsetzen, die dann ähnlich wie die theoretische Physik innerhalb der Physik eine große Eigenständigkeit besitzt.

Am Ende der Bemühungen werden die Neurowissenschaften sozusagen das kleine Ein-Mal-Eins des Gehirns verstehen. Daraus lassen sich dann strenge Hypothesen zum Studium übergeordneter Hirnfunktionen ableiten: beispielsweise wie das Gehirn seine zahlreichen Subsysteme so koordiniert, dass kohärente Wahrnehmungen und koordinierte Aktionen entstehen können. Ohne diesen entscheidenden Zwischenschritt über die "mittlere" Organisationsebene bleiben die Aussagen über den Zusammenhang zwischen neuronal beobachtbarer Aktivität und kognitiven Leistungen weiterhin spekulativ.

Vor allem was die konkreten Anwendungen angeht, stehen uns in den nächsten zehn Jahren enorme Fortschritte ins Haus. Wahrscheinlich werden wir die wichtigsten molekularbiologischen und genetischen Grundlagen neurodegenerativer Erkrankungen wie Alzheimer oder

Parkinson verstehen und diese Leiden schneller erkennen, vielleicht von vornherein verhindern oder zumindest wesentlich besser behandeln können. Ähnliches gilt für einige psychische Krankheiten wie Schizophrenie und Depression. In absehbarer Zeit wird eine neue Generation von Psychopharmaka entwickelt werden, die selektiv und damit hocheffektiv sowie nebenwirkungsarm in bestimmten Hirnregionen an definierten Nervenzellrezeptoren angreift.

Dies könnte die Therapie psychischer Störungen revolutionieren – auch wenn von der Entwicklung zum anwendungsfähigen Medikament noch etliche weitere Jahre vergehen werden.

Zudem werden Neuroprothesen wie intelligente Ersatzgliedmaßen oder das künstliche Ohr immer weiter perfektioniert. In zehn Jahren haben wir wahrscheinlich eine künstliche Netzhaut entwickelt, die nicht im Detail programmiert ist, sondern sich nach den Prinzipien des Nervensystems organisiert und lernt. Das wird unseren Blick auf das Sehen, auf die Wahrnehmung, vielleicht auf alle Organisationsprozesse im Gehirn tief greifend verändern.

Ebenso werden uns die zu erwartenden weiteren Fortschritte in der Hirnforschung vermehrt in die Lage versetzen, psychische Auffälligkeiten und Fehlentwicklungen, aber auch Verhaltensdispositionen zumindest in ihrer Tendenz vorauszusehen – und "Gegenmaßnahmen" zu ergreifen. Solche Eingriffe in das Innenleben, in die Persönlichkeit des Menschen sind allerdings mit vielen ethischen Fragen verbunden, deren Diskussion in den kommenden Jahren intensiviert werden muss.

Was werden Hirnforscher eines Tages wissen und können?

251

In absehbarer Zeit, also in den nächsten 20 bis 30 Jahren, wird die Hirnforschung den Zusammenhang zwischen neuroelektrischen und neurochemischen Prozessen einerseits und perzeptiven, kognitiven, psychischen und motorischen Leistungen andererseits soweit erklären können, dass Voraussagen über diese Zusammenhänge in beiden Richtungen mit einem hohen Wahrscheinlichkeitsgrad möglich sind. Dies bedeutet, dass man widerspruchsfrei Geist, Bewusstsein, Gefühle, Willensakte und Handlungsfreiheit als natürliche Vorgänge ansehen wird, denn sie beruhen auf biologischen Prozessen. Eine "vollständige" Erklärung der Arbeit des menschlichen Gehirns, das heißt eine durchgängige Entschlüsselung auf der zellulären oder gar molekularen Ebene, erreichen wir dabei dennoch nicht. Insbesondere wird eine vollständige Beschreibung des individuellen Gehirns und damit eine Vorhersage über das Verhalten einer bestimmten Person nur höchst eingeschränkt gelingen. Denn einzelne Gehirne organisieren sich aufgrund genetischer Unterschiede und nicht reproduzierbarer Prägungsvorgänge durch Umwelteinflüsse selbst – und zwar auf sehr unterschiedliche Weise, individuellen Bedürfnissen und einem individuellen Wertesystem folgend. Das macht es generell unmöglich, durch Erfassung von Hirnaktivität auf die daraus resultierenden psychischen Vorgänge eines konkreten Individuums zu schließen.

Im Endeffekt könnte sich eine Situation wie in der Physik ergeben: Die klassische Mechanik hat deskriptive Begriffe für die Makrowelt eingeführt, aber erst mit den aus der Quantenphysik abgeleiteten Begriffen ergab sich die Möglichkeit einer einheitlichen Beschreibung. Auf lange

Sicht werden wir entsprechend eine "Theorie des Gehirns"
aufstellen, und die Sprache dieser Theorie wird vermutlich
eine andere sein als jene, die wir heute in der
Neurowissenschaft kennen. Sie wird auf dem Verständnis
der Arbeitsweise von großen Neuronenverbänden beruhen,
den Vorgängen auf der mittleren Ebene. Dann lassen sich
auch die schweren Fragen der Erkenntnistheorie angehen:
nach dem Bewusstsein, der Ich-Erfahrung und dem
Verhältnis von erkennendem und zu erkennenden Objekt.
Denn in diesem zukünftigen Moment schickt sich unser
Gehirn ernsthaft an, sich selbst zu erkennen.
Dann werden die Ergebnisse der Hirnforschung, in dem
Maße, in dem sie einer breiteren Bevölkerung bewusst
werden, auch zu einer Veränderung unseres Menschenbildes
führen. Sie werden dualistische Erklärungsmodelle – die
Trennung von Körper und Geist – zunehmend verwischen.
Ein weiteres Beispiel: das Verhältnis von angeborenem und
erworbenem Wissen. In unserer momentanen Denkweise
sind dies zwei unterschiedliche Informationsquellen, die
unserem Wahrnehmen, Handeln und Denken zu Grunde
liegen. Die Neurowissenschaft der nächsten Jahrzehnte wird
aber ihre innige Verflechtung aufzeigen und herausarbeiten,
dass auf der mittleren Ebene der Nervennetze eine solche
Unterscheidung gar keinen Sinn macht. Was unser Bild von
uns Selbst betrifft, stehen uns also in sehr absehbarer Zeit
beträchtliche Erschütterungen ins Haus.
Geisteswissenschaften und Neurowissenschaften werden in
einen intensiven Dialog treten müssen, um gemeinsam ein
neues Menschenbild zu entwerfen.
Aller Fortschritt wird aber nicht in einem Triumph des
neuronalen Reduktionismus enden. Selbst wenn wir

irgendwann einmal sämtliche neuronalen Vorgänge
aufgeklärt haben sollten, die dem Mitgefühl beim
Menschen, seinem Verliebtsein oder seiner moralischen
Verantwortung zugrunde liegen, so bleibt die
Eigenständigkeit dieser "Innenperspektive" dennoch
erhalten. Denn auch eine Fuge von Bach verliert nichts von
ihrer Faszination, wenn man genau verstanden hat, wie sie
aufgebaut ist. Die Hirnforschung wird klar unterscheiden
müssen, was sie sagen kann und was außerhalb ihres
Zuständigkeitsbereichs liegt, so wie die Musikwissenschaft –
um bei diesem Beispiel zu bleiben – zu Bachs Fuge Einiges
zu sagen hat, zur Erklärung ihrer einzigartigen Schönheit
aber schweigen muss.

© *Gehirn und Geist*
Magazin | 13.10.2004 |
http://www.spektrum.de/thema/das-manifest/852357

Um einmal von den namenlosen
Serienmördern abzusehen, möchte ich nun
einige Fälle von Morden zeigen, die zwar
wahrscheinlich nicht zu einer Serie gehören,
aber ein ähnliches, ja wenn man so will,
Format zeigen und dem Modus operandi eines
Serienkillers entsprechen könnten.

Können Sie damit leben?"

Der Fall Yasmin Stieler: Seit fast 30 Jahren ungeklärt

Von t-online, kat
Aktualisiert am 03.10.2024 Lesedauer: 3 Min.

Plakat mit Foto von Yasmin Stieler: Mit dieser ungewöhnlichen Aktion fahndete die Peiner Polizei 1997 nach Yasmins Mörder. (Quelle: Fabian Matzerath/dpa)

Im Oktober 1996 wollte die 18-jährige Yasmin Stieler in einer Braunschweiger Diskothek feiern. Sie wurde getötet und zerstückelt. Bis heute ist der Fall ungeklärt. Es ist der 5. Oktober 1996: An jenem Samstag vor 28 Jahren macht sich Yasmin Stieler auf den Weg von Uelzen nach Braunschweig. Dort will sie die Diskothek Atlantis besuchen. Sie fährt allein mit dem Zug – und verschwindet. Was ist mit der jungen Frau passiert? Wenige Tage nach ihrem Verschwinden findet ein Anwohner am Vechelder Bahndamm eine blaue Mülltüte. Der grausige Inhalt: ein Torso. Eine Obduktion bestätigt, dass es sich um den Körper von Yasmin Stieler handelt – und bringt somit die Gewissheit, dass die 18-Jährige Opfer eines schrecklichen Gewaltverbrechens geworden sein muss. Die Ermittler stellen fest, dass es sich bei dem Fundort nicht um den Tatort handelt, dass die junge Frau erdrosselt wurde.

Weitere Leichenteile werden gefunden

Doch viel mehr wissen die Beamten und die Bevölkerung zu diesem Zeitpunkt nicht. Viele Fragen bleiben unbeantwortet: Was ist mit Yasmin Stieler passiert? Wer hat das Mädchen aus Uelzen umgebracht? Wo befinden sich die anderen Leichenteile? Rund zwei Wochen nach dem Fund des Torsos gibt es eine weitere makabre Entdeckung. Ende Oktober 1996 finden Spaziergänger an den Ricklinger Teichen zunächst ein Bein. Auch das zweite Bein befindet sich in dem Gewässer und wird einen Tag später geborgen. Dieser Fund ruft Taucher auf den Plan. Befinden sich weitere Leichenteilen der jungen Frau aus Uelzen im Teich? Die Suche bleibt jedoch ohne Ergebnis.

Bis Mai 1997 zumindest. Monate nach der grausamen Tat wird der Schädel der getöteten Gymnasiastin entdeckt: in einem Waldstück bei Hämelerwald.

Außergewöhnliche Plakataktion in der Region

Die Peiner Polizei startete 1997 eine außergewöhnliche Aktion in der Region: Auf dem Plakat ist ein Foto von Yasmin Stieler zu sehen. Aufgezählt werden die Leichenteilfunde – verbunden mit der Frage, wo die Hände sind. Zum Abschluss folgt eine Frage, die dem Täter ganz offensichtlich ins Gewissen reden soll: "Können Sie damit leben?" Eine Antwort gibt es bis heute nicht.

1.300 Männer aus Vechelde mussten im Dezember 1996 eine Speichenprobe unter Aufsicht abgeben.

(Quelle: dpa/Holger Hollemann)

Vor der ungewöhnlichen Aktion hatten bereits im Dezember 1996 mehr als 1.000 Männer aus Vechelde eine Speichelprobe abgegeben. Diese wurde mit einem gefundenen Haar verglichen – es gibt keinen Treffer.

Jahre nach dem ungelösten Verbrechen kommt noch einmal Bewegung in den Fall. Die Ermittler präsentieren einen Verdächtigen. Die Vorgeschichte: Im Frühjahr 2008 wird ein Spaten auf dem Gelände seiner ehemaligen Arbeitsstätte gefunden. Erdreste und

Lackspuren passen zu dem Fundort des Torsos. Der Tatverdächtige steht dabei nicht zum ersten Mal im Fokus. Bereits 2001 verhörten ihn die Beamten, dabei soll er widersprüchliche Angaben gemacht haben.

Fall Yasmin Stieler: Gerichte heben Haftbefehl auf

Der Verdächtige sitzt schließlich von Herbst 2008 bis zum Frühjahr 2009 in Untersuchungshaft. Ein klarer Fall für das Gericht? Hans Christian Wolters, Sprecher der Braunschweiger Staatsanwaltschaft, sagte t-online: "Es gab einen Tatverdächtigen, gegen den auch ein Haftbefehl erlassen und später Anklage erhoben worden ist."Das Landgericht Braunschweig aber habe das Hauptverfahren nicht eröffnet und den Haftbefehl aufgehoben. Das Oberlandesgericht Braunschweig habe diese Entscheidung bestätigt, erklärt Wolters. Dazu heißt es auszugsweise in der Begründung: "Auch aus dem Fund eines Spatens im März

2008 am früheren Arbeitsplatz des Angeschuldigten, der letztlich zur Anklageerhebung führte, lassen sich keine eindeutigen Indizien ableiten."

https://www.t-online.de/region/braunschweig/id_100500866/cold-case-bei-braunschweig-wer-hat-yasmin-stieler-1996-getoetet-.html
Aufruf 05/2025

Frankfurt: Mordfall Tristan Brübach bleibt bislang ungelöst.

Täter seit 1998 flüchtig Fall: Mord an einem 13-Jährigen in Frankfurt

(...)

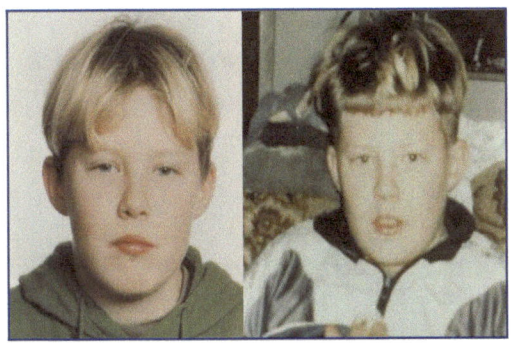

Tristan Brübach
(Archivbilder): Die Polizei hofft auch nach 26 Jahren auf die

Auflösung dieses Falls eines bestialischen Mordes.
(Quelle:Polizei Hessen)

Am 3. Oktober 2024 wäre er 40 Jahre alt geworden. Doch der brutale Mord am kleinen Tristan im Jahr 1998 beendet sein Leben viel zu früh. Die Polizei ermittelt bis heute.

Ein ungelöster Mordfall, der sich vor über 26 Jahren im Stadtteil Höchst ereignet hat, beschäftigt die Polizei Frankfurt und die Staatsanwaltschaft weiterhin. Es besteht nach wie vor die Hoffnung auf Hinweise aus der Bevölkerung, die zur Aufklärung des Falls beitragen könnten. Eine Polizeisprecherin verrät auf t-online-Anfrage, dass noch immer Hinweise eingehen und von den Beamten überprüft werden. Ob sie brauchbar sind, bleibt jedoch offen.

Frankfurt: Der Tag, an dem Tristan Brübach ermordet wurde

Am 26. März 1998 wurde der damals 13-jährige Tristan Brübach in einem Tunnel entlang des Liederbaches in Frankfurt-Höchst tot aufgefunden. Am Nachmittag entdeckten Kinder seinen leblosen Körper. Der Tunnel dient Ortskundigen als Abkürzung und befindet sich in der Nähe des Höchster Bahnhofs.

Tristan erlitt erhebliche Stich- und Schnittverletzungen. Der Täter schlug ihn bis zur Bewusstlosigkeit und würgte ihn, bevor er ihm einen tödlichen Halsstich versetzte, der bis zur Wirbelsäule reichte. Nach dem Ausbluten zog er den Leichnam in den Tunnel, legte ihn auf einen Betonsockel und setzte seine brutale Tat dort fort.

Tunnel entlang des Liederbachs in Höchst: Tunneleingang auf der Nordseite. (Quelle: Polizei Hessen)

Leichenteile bis heute nicht gefunden

Laut Polizei gibt die Art und Weise der Tat den Ermittlern weiter Rätsel auf: Der Mörder zog

Tristans Hose herunter, fügte ihm tiefe Schnitte oberhalb des Schambeins zu und entfernte Hoden sowie Teile des Muskelfleischs aus dem Gesäß und den Oberschenkeln. Diese Leichenteile wurden bis heute nicht gefunden. Die flächenartigen Blutergüsse im Gesicht des 13-jährigen Jungen lassen die Gewalt, mit der der Täter vorging, nur erahnen. Am 25. März 1999, nahezu ein Jahr nach der Ermordung von Tristan, hat die Polizei seinen Schulranzen in einem Waldstück bei Niedernhausen sichergestellt. Der Fundort liegt etwa 35 Kilometer vom Tatort in Frankfurt-Höchst entfernt. Der Rucksack wurde an einem Feldweg in der Nähe eines Strommasts zwischen zwei Waldstücken nahe der Felserhebung "Eselskopf" entdeckt.

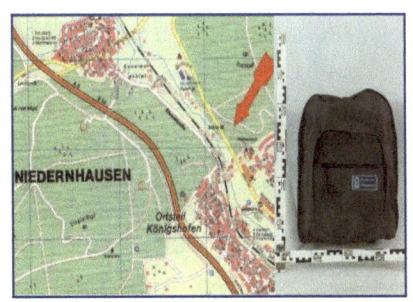

Der Fundort des Rucksacks auf der Landkarte.

(Quelle: Polizei Hessen)

Mögliche Motive des Mörders

Bisherige Ermittlungen haben kein klares Tatmotiv ergeben. Fallanalytiker beschäftigten sich jedoch im Jahr 2012 mit der Tat und kamen zu neuen Erkenntnissen. Im Fokus ihrer Analyse: die Auswahl des Tatorts. Weil sich dort regelmäßig Kinder aufhalten, könnte das "Opfer für den Täter ein austauschbares Objekt darstellen", so ihre These. Tristan Brübach war demnach womöglich einfach zum falschen Zeitpunkt am falschen Ort. Dies spreche für einen gut vorbereiteten Täter, der den Tatort mit Bedacht wählte. Es ist nicht

267

ausgeschlossen, dass er die Tötung und Mitnahme der Körperteile von langer Hand geplant hatte. Das Motiv eines solchen Täters könnte der Besitz der Körperteile eines männlichen, kindlichen Opfers sein, die er zur Umsetzung seiner sexuellen Fantasien nutzte. Unklar ist auch, ob der Täter im Tunnel auf sein Opfer wartete oder Tristan unter einem Vorwand dorthin lockte, berichtet die Polizei. Eine Zeugin soll jedoch gesehen haben, wie Tristan "in der Bruno-Asch-Anlage nahe des Höchster Bahnhofs auf einer Parkbank saß". Das berichten Privatpersonen, die ehrenamtlich die Webseite mordfall-tristan.de betreiben, damit der tote Junge nicht in Vergessenheit gerät. Kurz vor seinem Tod sollen zwei Männer neben ihm Platz genommen haben.

Augenzeugen beschreiben Täter

Zu einem möglichen Täter gibt es auch eine Beschreibung: Ein etwa 175 cm großer Mann mit ungepflegtem Aussehen, blassem Gesicht und hagerer Statur. Er war zur Tatzeit zwischen 20 und 30 Jahre alt, hatte eine Narbe im Bereich der Oberlippe und trug dunkelblonde, fettige Haare als Zopf oder Pferdeschwanz.

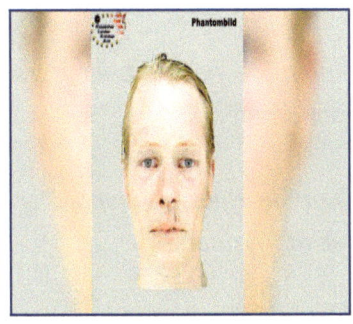

Phantombild des möglichen Täters.

(Quelle: Polizei Hessen)

Am Tattag könnte sich dieser Mann in den Frankfurter Stadtteilen Unterliederbach, Zeilsheim und Höchst oder im erweiterten Umfeld wie Niedernhausen aufgehalten haben. Eine Belohnung von bis zu 20.000

Euro ist für Hinweise ausgesetzt, die zur Festnahme des Täters führen. Folgende Fragen sind für die polizeilichen Ermittlungen dabei von großer Bedeutung:

Haben Sie am Tattag Beobachtungen gemacht?

Kannten Sie Tristan oder Personen aus seinem Umfeld?

Haben Sie eine bestimmte Person als Täter in Verdacht?

Ist Ihnen am Tattag eine Person mit durchnässter oder blutbefleckter Kleidung aufgefallen?

Auffällig könnte sein, dass jemand nach dem Mord sein Verhalten geändert hat oder verdächtige Äußerungen machte. (...)

*https://www.polizei.hessen.de/icc/internetzentral/nav/e6e/broker.jsp?
uTem=b7760797-d2ff-35f6-5c13-4611142c388e&uMen=e6e706de-6c31-2c41-
12da-af82bb838f39&_ic_uCon=74d20efd-42ed-0f51-2cf0-1a2bb193ea8f*

So möchte ich dann dieses Buch mit einem letzten Zitat schließen das auch eine mögliche Antwort enthält. Ich bitte den Leser nur, das Wort Psychose einmal durch das Wort Serienmord zu ersetzen.

"Wenn einem das Leben keinen anderen Ausweg als den unmittelbar bevorstehenden eigenen Tod zu bieten scheint,wenn persönliches Handeln es einem nicht mehr gestattet, ein unwiderrufliches Schicksal zu ändern, wenn der Verlust von Hoffnung selbst noch die Möglichkeit tötet, sich eine Hoffnung vorzustellen, dann bleibt nichts anderes, als sich in sich selbst zurückzuziehen, um jenen letzten Funken von Leben, auf den das Dasein sich reduziert,vor der Negation zu bewahren. Ist es mitunter noch zu beängstigend, das Bewußtsein auf das vom Überleben zu reduzieren, so kann selbst dieses abgeschafft werden.Dann wird derjenige, der ein Subjekt gewesen ist, zu einem Ding, unempfindlich für das, was von außen einschlägt und es von innen befällt; und die Grenze zur Psychose wird überschritten".

Roland Jaccard-Der Wahnsinn

271

Notizen

© 2025 Jörg Spitzer
Verlag: BoD · Books on Demand GmbH,
Überseering 33, 22297 Hamburg, bod@bod.de
Druck: Libri Plureos GmbH,
Friedensallee 273, 22763 Hamburg
ISBN: 978-3-8192-2903-9